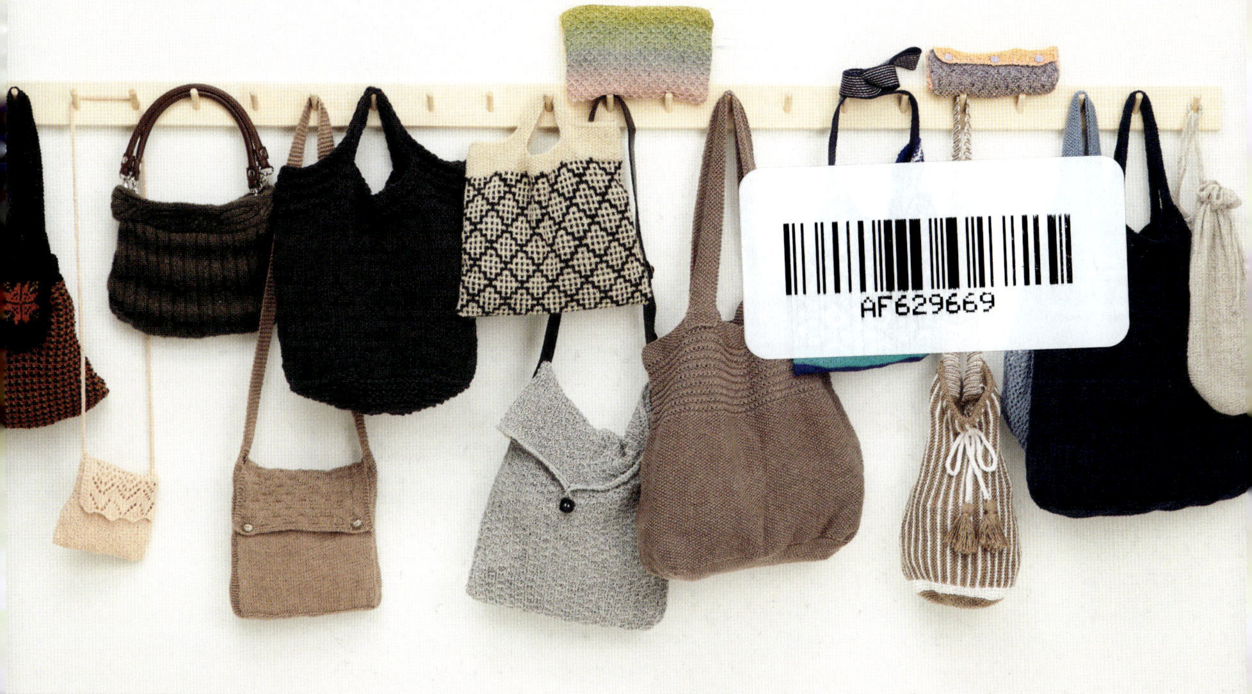

Strick dein neues It-Piece doch einfach selbst! Die vielen trendigen Stricktaschen hast du in den sozialen Medien bestimmt schon entdeckt.

Wer skandinavischen Style mag und gleichzeitig einen alltagstauglichen Look sucht, liegt mit diesen gestrickten Handtaschen genau richtig.

Egal, ob Clutch oder Shopper, Messenger Bag oder cooler Beutel: In diesem Buch findest du garantiert deine neue Lieblingstasche. Von schlicht bis Zopfmuster sind so viele verschiedene Varianten enthalten, dass Stricker:innen mit wenig Erfahrung genauso fündig werden wie Strickprofis.

Viel Freude mit den Maschen-Taschen!

Rita Maaßen

Uppsala

kleine Tasche mit I-Cord-Band

GRÖSSE
16 cm x 16 cm

MATERIAL
- Kremke Soul Wool Morning Salutation (LL 110 m/50 g) in Eierschale (Fb 02), 100 g
- Rundstricknadel 3,5 mm, 40 cm lang
- 2 Nadelspielnadeln 3,5 mm
- Nähnadel

MASCHENPROBE
Im Punktmuster mit Nd 3,5 mm
23 M und 32 R
= 10 cm x 10 cm

■ = 1 Masche rechts

○ = 1 Umschlag

◢ = 2 Maschen rechts zusammenstricken

◣ = 2 Maschen rechts überzogen zusammenstricken: 1 Masche wie zum Rechtsstricken abheben, die nächste Masche rechts stricken und die abgehobene Masche überziehen

△ = 3 Maschen rechts überzogen zusammenstricken: 1 Masche wie zum Rechtsstricken abheben, 2 Maschen rechts zusammenstricken und die abgehobene Masche überziehen

Kraus rechts

In Hin- und Rückr rechte M str.

Zackenmuster

M-Zahl teilbar durch 10 + 11.
Nach der Strickschrift str. Die Strickschrift zeigt nur die Hinr, in den Rückr alle M und U links str. Mit den M vor dem Rapport beginnen, den Rapport von 10 M forlaufend wdh und mit den M nach dem Rapport enden. Die 1.-24. R der Strickschrift 1x str.

Punktmuster

M-Zahl teilbar durch 4 + 3.
1. R (Hinr): 1 M rechts, * 1 M links, 3 M rechts, ab * fortlaufend wdh bis 2 M vor R-Ende, 1 M links, 1 M rechts.
2.R: Linke M str.
3. R: * 3 M rechts, 1 M links, ab * fortlaufend wdh bis 3 M vor R-Ende, 3 M rechts.
4. R: Linke M str.
Die 1.-4. R fortlaufend wdh.

Anleitung

Vorder- und Rückseite

Für die Taschenklappe mit der Rundstrickndnd 37 M anschl und eine Rückr str wie folgt: 3 M rechts, 31 M links, 3 M rechts. Weiter in folgender Einteilung str: 3 M kraus rechts, 31 M Zackenmuster, 3 M kraus rechts. Nach 24 R im Zackenmuster noch 4 R kraus rechts str, dabei in der letzten R gleichmäßig verteilt 2 M zunehmen (= 39 M).
Weiter 30 cm (= 96 R) im Punktmuster str. Noch 6 R kraus rechts str, dann alle M abk.

Kordel

4 M anschl und einen I-Cord von 130 cm Länge str (siehe „TOPP-Tipps").

Fertigstellen

Die Tasche links auf links so umklappen, dass die Anschlagkante unter dem kraus rechts gestrickten Streifen oberhalb des Zackenmusters liegt und die Seitennähte von rechts mit Matratzenstich zusammennähen. Die beiden Enden der Kordel von innen an die Seitennähte der Tasche nähen. Alle Fäden vernähen.

Zackenmuster

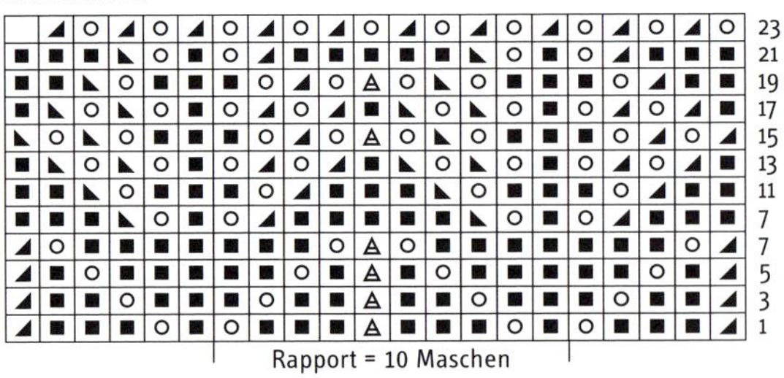

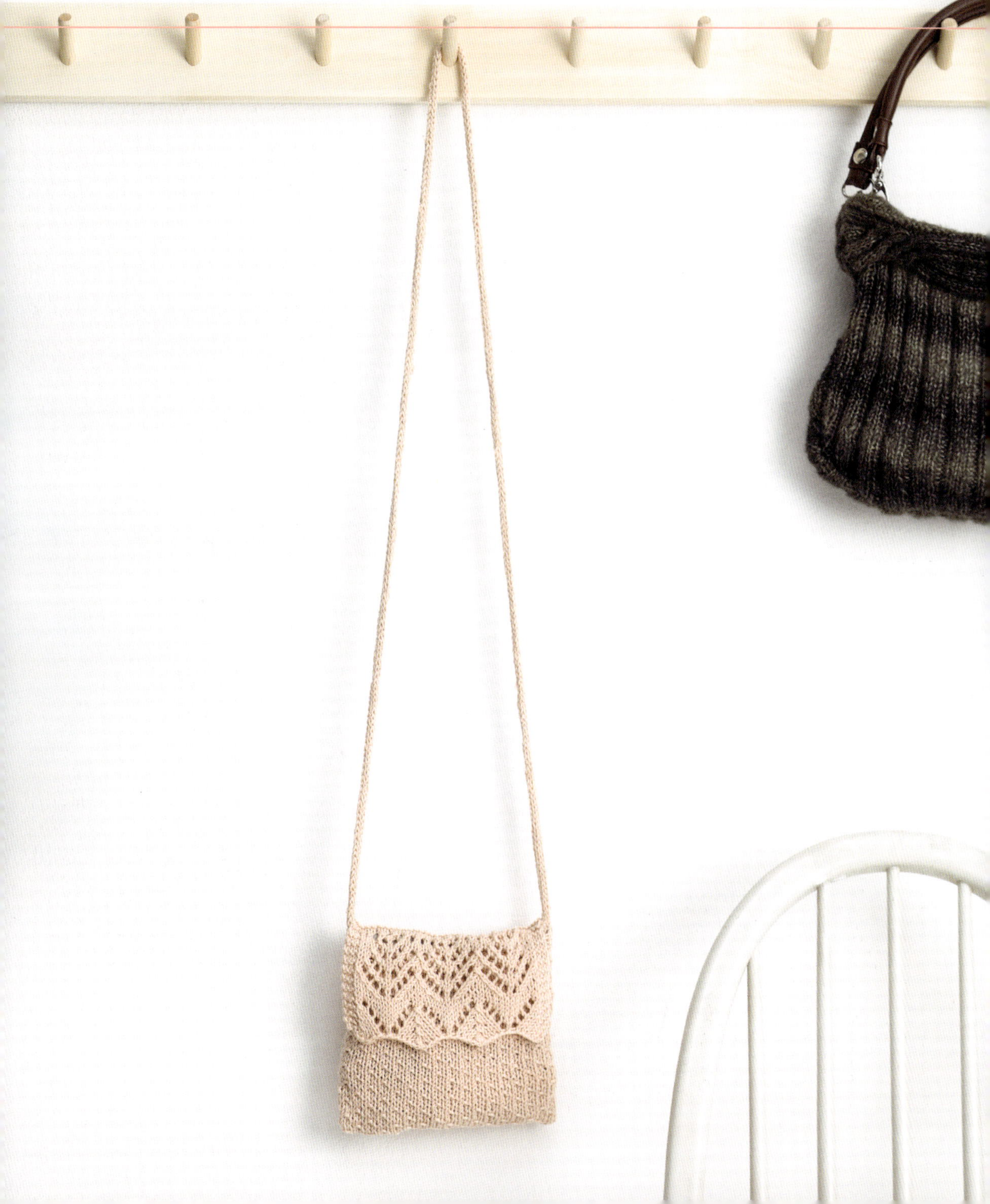

Kiruna

Handtasche mit Zopfmusterbordüre

GRÖSSE
34 cm x 26 cm

MATERIAL
- Lana Grossa Duetto Puno (LL 230 m/50 g) in Graugrün/ Schwarzgrün (Fb 108), 100 g
- Rundstricknadel 4,0 mm, 80 cm lang
- 1 Paar Taschengriffe in Braun (Prym „Laura")
- Wollnadel

MASCHENPROBE
Im Rippenmuster mit Nd 4,0 mm 21 M und 28 R = 10 cm x 10 cm

STRICKSCHRIFT
Seite 47

Glatt rechts
In Hinr rechte M, in Rückr linke M str.

Glatt links
In Hinr linke M, in Rückr rechte M str.

Rippenmuster
In den Hinr 3 M rechts, 2 M links im Wechsel str.
In den Rückr alle M str, wie sie erscheinen.

Zopfmuster
Nach der Strickschrift str. Die Strickschrift zeigt nur die Hinr, in den Rückr alle M str, wie sie erscheinen. Die 1.-18. M und die 1.-14. R nur 1x str.

Anleitung

Vorderseite
Für die Zopfmusterbordüre des Vorderteils 22 M anschl. 4 R in folgender Mustereinteilung str: 2 M glatt links, im Rippenmuster str bis R-Ende.
Weiter * 14 R Zopfmuster, 14 R in der Mustereinteilung, ab * noch 1x wdh, dann 14 R Zopfmuster und 4 R in der Mustereinteilung str. Alle M abk.
Für den Taschenkörper mit Blick auf die Vorderseite aus einer der Längskanten der Zopfmusterbordüre 75 M auffassen und eine Rückr str wie folgt: * 2 M rechts, 3 M links, ab * fortlaufend wdh bis R-Ende.
Weiter 13 cm (= 38 R) im Rippenmuster str.
Für die untere Rundung in der nächsten Hinr eine Abnahme-R str, wie folgt: 2 M rechts zusammenstr, im Rippenmuster str bis 2 M vor R-Ende, 2 M rechts überzogen zusammenstr. Diese Abnahme-R noch 3x in jeder 2. R wdh. Weiter in jeder 2. R beidseitig 3x 2 M und 1x 3 M abk. Nach 20 cm (= 56 R) Rippenmuster die restlichen 49 M abk.
Mit Blick auf die Vorderseite für die Blende aus der oberen Längskante der Zopfmusterbordüre 58 M auffassen. 1 Rückr rechte M str, dann 4 cm (= 12 R) glatt rechts str. In der nächsten Hinr die Öffnungen für den Taschengriff arb wie folgt: 3 M rechts, 1 U, 2 M rechts zusammenstr, 2 M rechts, 1 U, 2 M rechts zusammenstr, rechte M str bis 9 M vor R-Ende, 2 M rechts zusammenstr, 1 U, 2 M rechts, 2 M rechts zusammenstr, 1 U, 3 M rechts. In der nächsten Rückr alle M und U links str. Alle M abk.

Rückseite
Die Rückseite der Tasche genauso str.

Fertigstellen
Vorder- und Rückseite der Tasche links auf links übereinanderlegen. Die Seitenränder inklusive der Taschenblenden sowie den Taschenboden von rechts im Matratzenstich zusammennähen. Alle Fäden vernähen. Die Taschenblende nach innen über die Zopfmusterbordüre klappen und an die Innenseite der Tasche säumen. Die Karabinerhaken der Taschengriffe auf der Innenseite jeweils an den Öffnungen auf der Taschenblende befestigen.

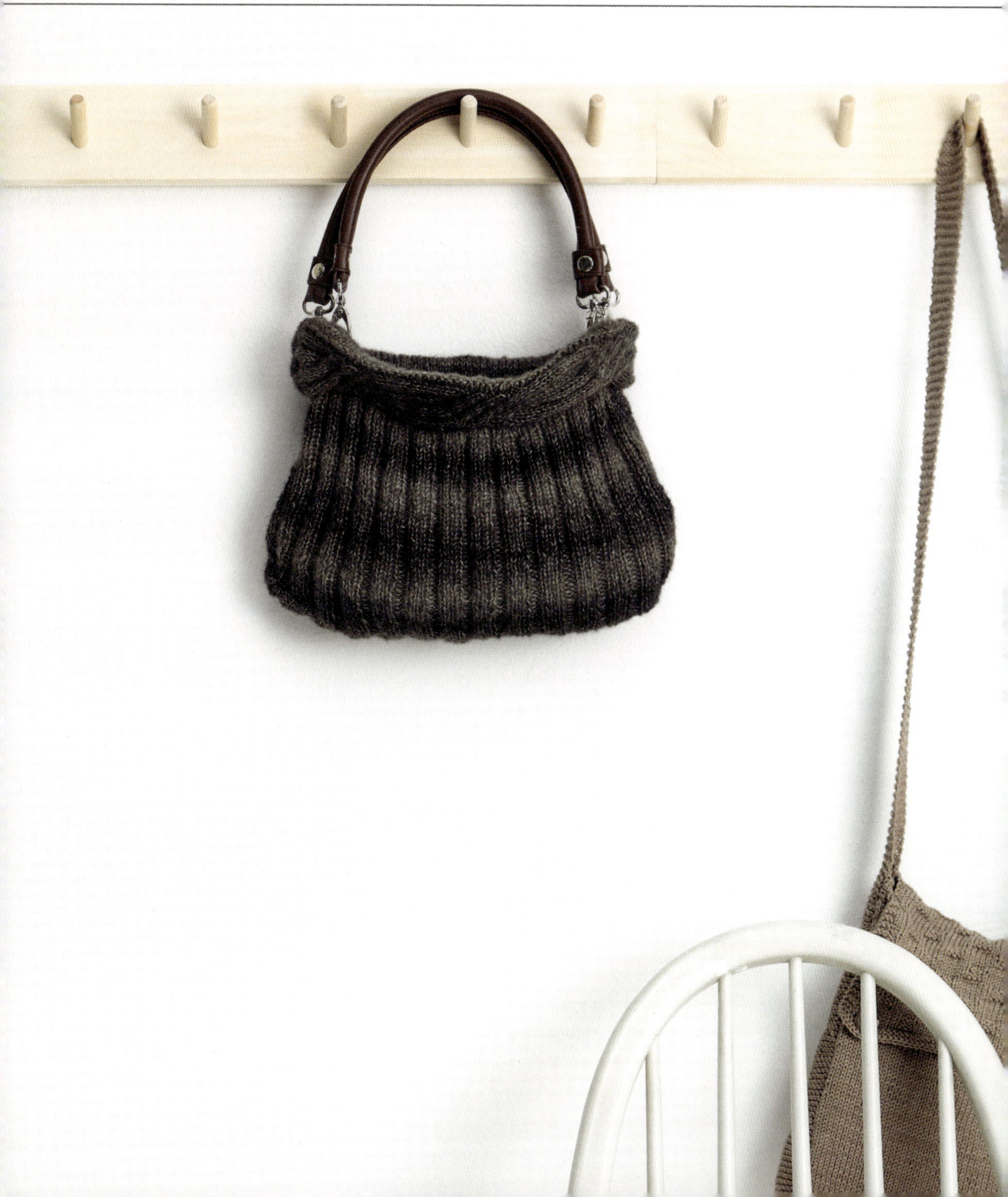

Østerbro

Messenger-Tasche

Glatt rechts

In den Hinr rechte M, in den Rückr linke M str.

Kraus rechts

In Hin- und Rückr rechte M str.

Schachbrettmuster

M-Zahl teilbar durch 10 + 1.
1. R (Hinr): Rechte M str.
2. R: 4 M links, * 3 M rechts, 7 M links, ab * fortlaufend wdh bis 4 M vor R-Ende, 4 M links.
3. R: 4 M rechts, * 3 M links, 7 M rechts, ab * fortlaufend wdh bis 4 M vor R-Ende, 4 M rechts.
4. R: Wie die 2. R str.
5. R: Rechte M str.
6. R: Linke M str.
7. R: 2 M links, * 7 M rechts, 3 M links, ab * fortlaufend wdh bis 2 M vor R-Ende, 2 M rechts.
8. R: 2 M rechts, * 7 M links, 3 M rechts, ab * fortlaufend wdh bis 2 M vor R-Ende, 2 M rechts.
9. R: Wie die 7. R str.
10 R: Linke M str.
Die 1.-10. R fortlaufend wdh.

Anleitung

Vorder- und Rückseite

57 M anschl. Dann 6 R kraus rechts und 23 cm glatt rechts (= 78 R) (= Vorderseite), 30 R kraus rechts (= Taschenboden), 23 cm glatt rechts (= 78 R) und 6 R kraus rechts (= Rückseite) str.
Für die Taschenklappe in folgender M-Einteilung weiterstr: 3 M kraus rechts, 51 M im Schachbrettmuster, 3 M kraus rechts. Nach 11 cm (= 38 R) Klappenhöhe 2 Knopflöcher str wie folgt: 6 M mustergemäß str, 2 M abk, 40 M mustergemäß str, 2 M abk, mustergemäß str bis R-Ende. In der nächsten Rückr die abgeketten M wieder anschl. Noch 4 R kraus rechts str, dann alle M abk.

Seitenteile und Gurt

Mit Blick auf die Vorderseite aus dem Rand des rechten Taschenbodens 15 M auffassen und 29 R kraus rechts str. In der nächsten Hinr eine Abnahme-R str: 1 M rechts, 2 M rechts zusammenstr, 9 M rechts, 2 M rechts überzogen zusammenstr, 1 M rechts. Kraus rechts weiterstr und die Abnahme-R noch 2x in jeder 30. R wdh (= 9 M). Nach 23 cm Gesamtlänge den Faden lang abschneiden und alle M auf einer Hilfsnd stilllegen.
Auf der anderen Seite das rechte Seitenteil genauso str, jedoch die M nicht stilllegen, sondern über die restlichen 9 M für den Gurt noch 90 cm kraus rechts str. Die M auf der Nd lassen und mit den 9 M der Hilfsnd des linken Seitenteils von rechts im Maschenstich zusammennähen, dabei darauf achten, dass sich der Gurt nicht verdreht.

Fertigstellen

Vorder- und Rückseite der Tasche r-a-r übereinanderlegen. Beginnend am Taschenboden die Seitenteile mit Steppstich an Vorder- und Rückseite annähen. Die Klappe über die Vorderseite schlagen und die Knöpfe passend zu den Knopflöchern annähen. Alle Fäden vernähen.

GRÖSSE
21 cm x 23 cm

MATERIAL
- Lang Yarns Quattro (LL 120 m/50 g) in Beige (Fb 16.0139), 150 g
- Rundstricknadel 3,0 mm, 80 cm lang
- Hilfsnadel
- Wollnadel

2 Knöpfe, ø 18 mm

MASCHENPROBE
Glatt rechts mit Nd 3,0
24 M und 34 R = 10 cm x 10 cm

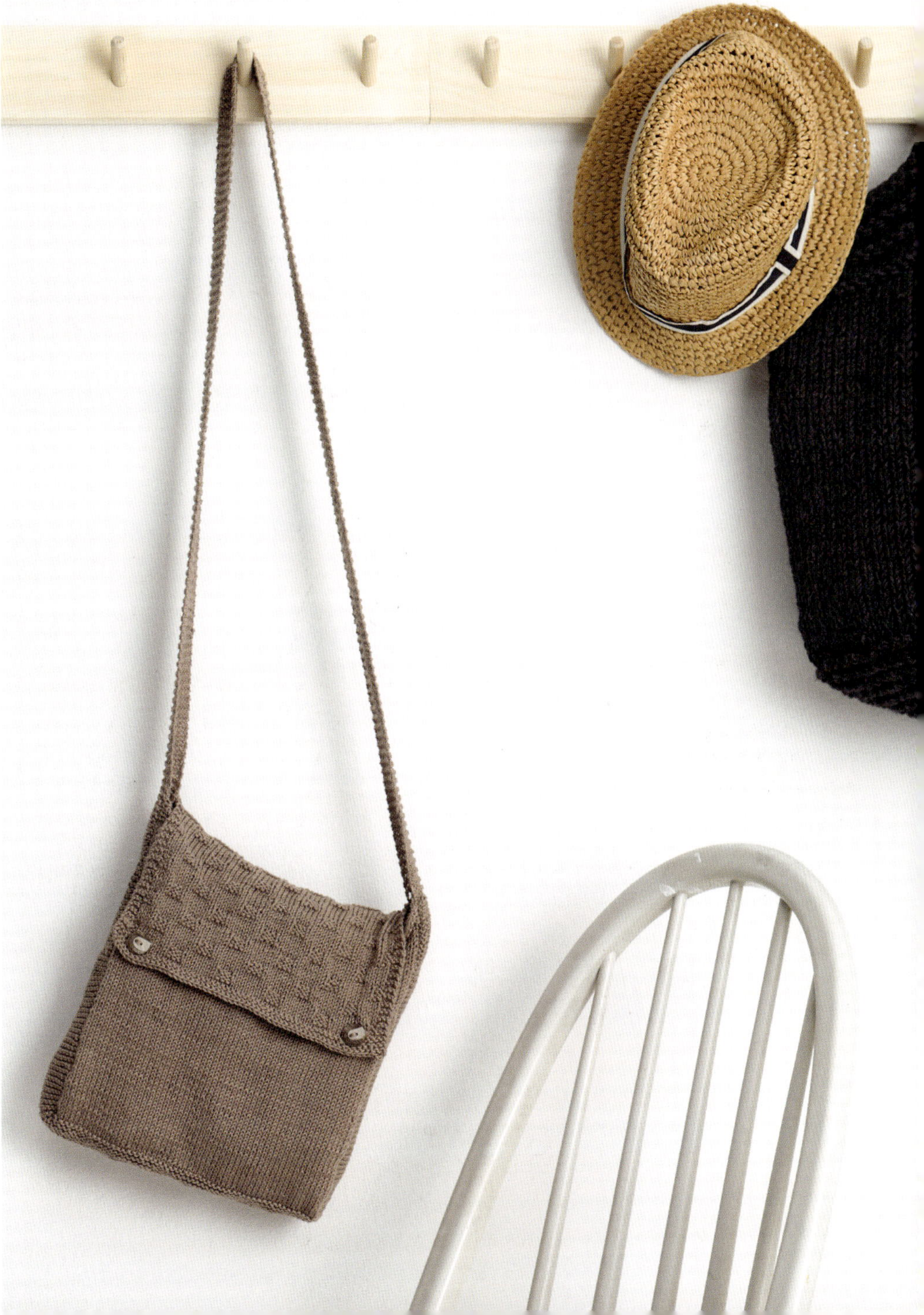

Ystad

Grobstricktasche

GRÖSSE
39 cm x 38 cm

MATERIAL
- Lana Grossa Superbingo (LL 55 m/50 g) in Anthrazit (Fb 15), 500 g
- Rundstricknadel 10,0 mm, 80 cm lang
- Nadelspiel 10,0 mm
- Maschenmarkierer
- Wollnadel

MASCHENPROBE
Glatt rechts mit doppeltem Faden und Nd 10,0 mm
10 M und 15 R
= 10 cm x 10 cm

Kraus rechts
In geraden Rd rechte M, in ungeraden Rd linke M str.

Glatt rechts
In Rd alle M rechts str.

1 Masche verdoppeln
Aus 1 M 1 M rechts und 1 M rechts verschränkt str.

Anleitung
Für den Taschenboden mit doppeltem Faden 6 M anschl und gleichmäßig auf 3 Nd des Nd-Spiels verteilen, zur Rd schließen, den Rd-Anfang mit einem M-Markierer kennzeichnen und kraus rechts weiterstr wie folgt:
1. Rd: Rechte M str, dabei jede M verdoppeln (= 12 M).
2. Rd (und alle geraden Rd): Linke M str.
3. Rd: * 1 M verdoppeln, 1 M rechts, ab * fortlaufend wdh (= 18 M).
5. Rd: * 1 M verdoppeln, 2 M rechts, ab * fortlaufend wdh (= 24 M).
7. Rd: * 1 M verdoppeln, 3 M rechts, ab * fortlaufend wdh (= 30 M).
Nach diesem Prinzip weiterstr und M zunehmen, bis insgesamt 78 M auf den Nd sind, enden mit einer Rd linke M. Zwischen den verdoppelten M vergrößert sich der Abstand also immer um 1 M. Bei Bedarf die M auf 4 Nd oder eine Rundstricknd verteilen, den Rd-Anfang jedoch nicht verschieben.
Dann 26 cm (= 40 Rd) glatt rechts Rd str.
Für die obere Kante 1 Rd linke M, 3 Rd rechte M, 1 Rd linke M, 1 Rd rechte M str.
Für den Griff 11 M rechts str, 17 M abk, 21 M rechts str, 17 M abk, rechte M str bis Rd-Ende. In der nächsten Rd 11 M rechts str, 17 M neu anschl, 22 M rechts str, 17 M neu anschl, rechte M str bis Rd-Ende. Weiter noch 1 Rd linke M und 3 Rd rechte M str.
Alle M links abk.

Fertigstellen
Alle Fäden vernähen.

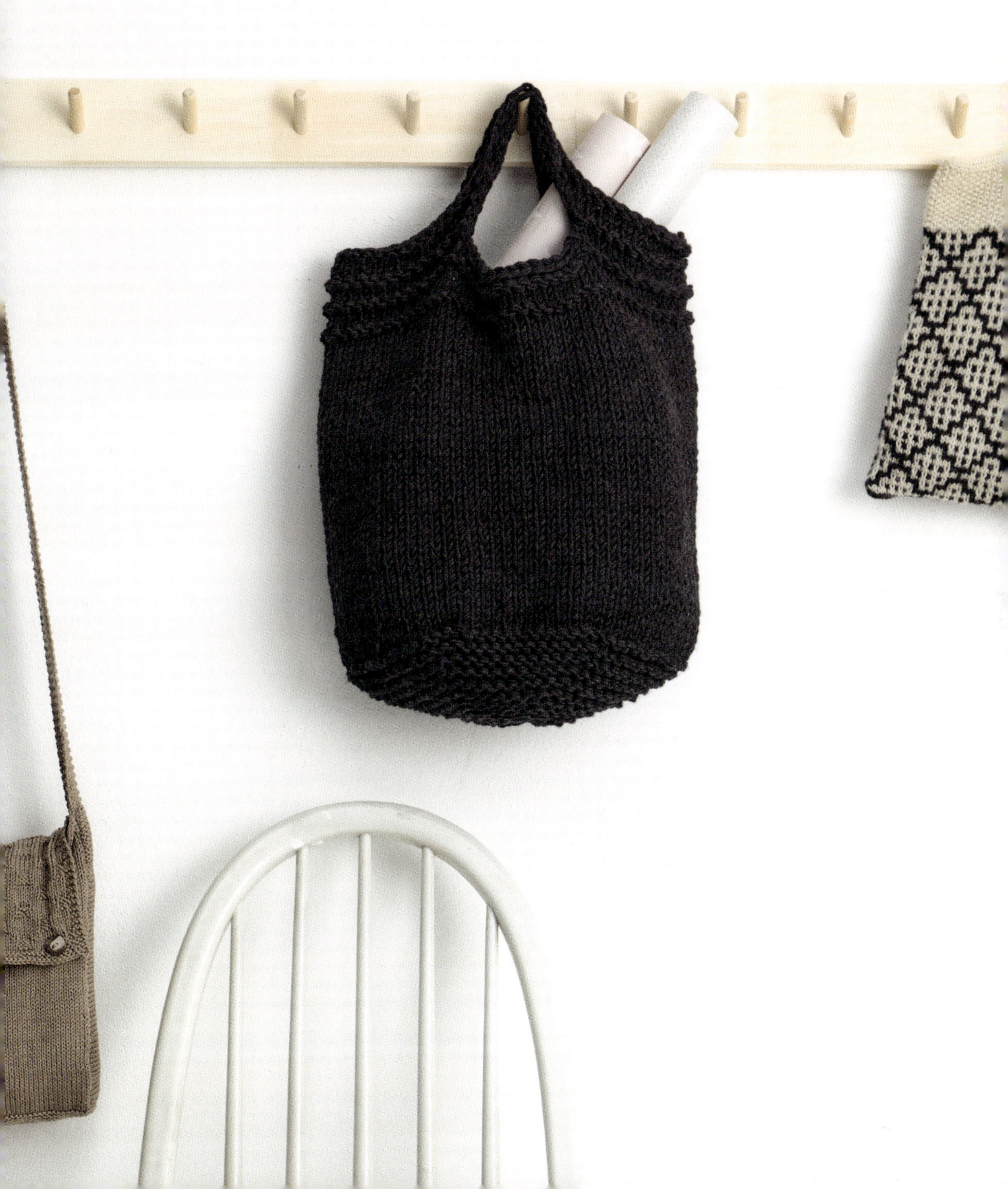

Turku

Handtasche mit Mosaikmuster

GRÖSSE
30 cm x 26 cm

MATERIAL
- Lang Yarns Regina (LL 175 m/50 g) in Schwarz (Fb 1093.0004) und Natur (Fb 1093.0026), je 100 g
- Rundstricknadel 3,5 mm, 60 cm lang
- Wollnadel

MASCHENPROBE
Im Mosaikmuster mit Nd 3,5 mm
23 M und 37 R
= 10 cm x 10 cm

Perlmuster

In den Hinr 1 M links, 1 M rechts im Wechsel str, enden mit 1 M links.
In den Rückr die rechten M links und die linken M rechts str.

Farbfolge

2 R in Natur und 2 R in Schwarz im Wechsel str.

Mosaikmuster

Die Hebemaschen wie zum Linksstr abheben, der Faden liegt in den Hinr hinten, in den Rückr vorn.
M-Zahl teilbar durch 12 + 3.
1. R (Hinr): 1 M rechts, * 1 M abheben, 11 M rechts, ab * fortlaufend wdh bis 2 M vor R-Ende, enden mit 1 M abheben, 1 M rechts.
2. R (und alle Rückr): Die Hebe-M der Vor-R abheben, alle anderen M links str.
3. R: 4 M rechts, * 3x (1 M abheben, 1 M rechts), 1 M abheben, 5 M rechts, ab * fortlaufend wdh bis 4 M vor R-Ende, enden mit 4 M rechts.
5. R: 3 M rechts, * 1 M abheben, 7 M rechts, 1 M abheben, 3 M rechts, ab * fortlaufend wdh bis R-Ende.
7. R: 2 M rechts, * 1 M abheben, 3 M rechts, 1 M abheben, 1 M rechts, ab * fortlaufend wdh bis 1 M vor R-Ende, enden mit 1 M rechts.
9. R: 5 M rechts, * 1 M abheben, 3 M rechts, 1 M abheben, 7 M rechts, ab * fortlaufend wdh bis 5 M vor R-Ende, enden mit 5 M rechts.
11. R: 2 M rechts, * 1 M abheben, 1 M rechts, 1 M abheben, 5 M rechts, 1 M abheben, 1 M rechts, 1 M abheben, 1 M rechts, ab * fortlaufend wdh bis 1 M vor R-Ende, enden mit 1 M rechts.
13. R: 7 M rechts, * 1 M abheben, 11 M rechts, ab * fortlaufend wdh bis 7 M vor R-Ende, enden mit 7 M rechts.
15. R: Wie die 11. R str.
17. R: Wie die 9. R str.
19. R: Wie die 7. R str.
21. R: Wie die 5. R str.
23. R: Wie die 3. R str.
Die 1.-24. R 4x str, dann noch 1x die 1. und 2. R str.

Anleitung

Vorderseite

75 M in Schwarz anschl und eine Rückr linke M str. Weiter in der Fb-Folge die 1.-24. R des Mosaikmusters 4x str, dann noch 1x die 1. und 2. R str. Weiter in Natur 10 R im Perlmuster str, dann für den Griff weiterstr, wie folgt: 23 M im Perlmuster str, 29 M abk, im Perlmuster weiterstr bis zum R-Ende. In der nächsten Rückr im Perlmuster str und die 23 abgeketteten M der Vor-R neu anschl. Noch 10 R im Perlmuster str, dann alle M mit der I-Cord-Methode abk: 4 M auf der linken Nd neu anschl, * 3 M rechts str, 2 M rechts verschränkt zusammenstr, diese 4 M wieder zurück auf die linke Nd schieben.

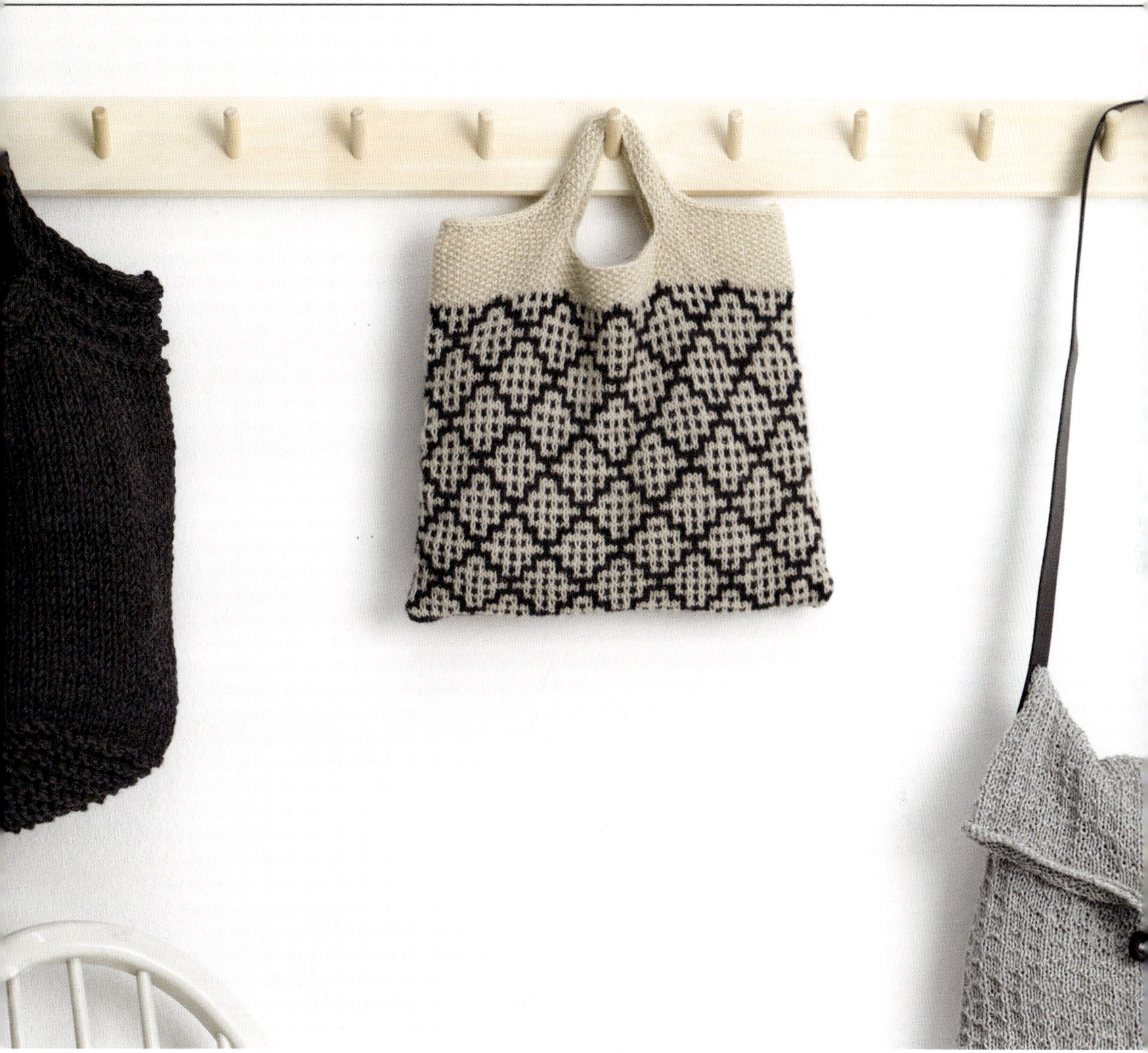

Ab * fortlaufend wdh, bis nur noch 4 M übrig sind. Diese 4 M nach der herkömmlichen Methode abk.

Rückseite

Die Rückseite genauso str.

Fertigstellen

Vorder- und Rückseite der Tasche r-a-r übereinanderlegen. Die Seiten- und Bodennähte von links mit Steppstich zusammennähen. Alle Fäden vernähen. Tasche wenden.

Stavanger

Fold-Tasche

GRÖSSE

37 cm x 39 cm

MATERIAL

- Lang Yarns Crealino (LL 165 m/50 g) in Hellgrau (Fb 1089.0003), 300 g
- Rundstricknadel 4,0 mm, 80 cm lang
- Häkelnadel 4,0 mm
- Knopf in Schwarz, ø 25 mm
- Taschengriff in Schwarz (Prym „Lilly“)
- Wollnadel
- Nähgarn in Schwarz

MASCHENPROBE

Im Strukturmuster mit doppeltem Faden und Nd 4,0 mm
18 M und 29 R
= 10 cm x 10 cm

Strukturmuster

M-Zahl teilbar durch 6 + 4.
1. R (Hinr): * 4 M rechts, 2 M links, ab * fortlaufend wdh bis 4 M vor R-Ende, 4 M rechts.
2.+4. R: Linke M str.
3. R: 1 M rechts, * 2 M links, 4 M rechts, ab * fortlaufend wdh, bis 3 M vor R-Ende, 2 M links, 1 M rechts.
Die 1.-4. R fortlaufend wdh.

Anleitung

Mit doppeltem Faden 136 M anschl und eine Rückr linke M str. Weiter 39 cm (= 112 R) im Strukturmuster arb. Dann beidseitig 2 M abk. Weiter in jeder 2. R beidseitig noch 4x 2 M und 13x 1 M abk. Nach 51 cm Gesamthöhe (= 148 R) die restlichen 90 M abk.

Fertigstellen

Die Tasche der Länge nach r-a-r zur Hälfte falten und entlang des Taschenbodens und der Seitennaht bis zum Beginn der oberen Rundung von links mit Steppstich zusammennähen. Tasche wenden.
Mit Blick auf die Vorderseite mit der Häkelnd und doppeltem Faden den oberen Rand der Tasche umhäkeln wie folgt: Beginnend an der Seitennaht der kürzeren Seite bis ca. 12 cm vor Ende der geraden Kante fM häkeln, dann für die Schlaufe 14 Lm häkeln und mit 1 Km in derselben M befestigen. Weiter fM häkeln bis zum Beginn der Seitennaht. Nun nicht wenden, sondern über alle M (einschließlich der Lm) noch 1 R Krebs-M häkeln (= fM von links nach rechts gehäkelt). Den Faden abschneiden und durch die letzte M ziehen.
Den Knopf ca. 20 cm vom unteren Rand und ca. 21 cm vom längeren Seitenrand entfernt annähen. Das obere Taschenteil umklappen, die Schlaufe einmal um sich selbst drehen, sodass eine 8 entsteht und die Schlaufe um den Knopf legen. Den Riemen gemäß den vorgegebenen Löchern von außen so an die Seiten nähen, dass die untere Riemenkante ca. 35 cm vom unteren Rand liegt. Alle Fäden vernähen.

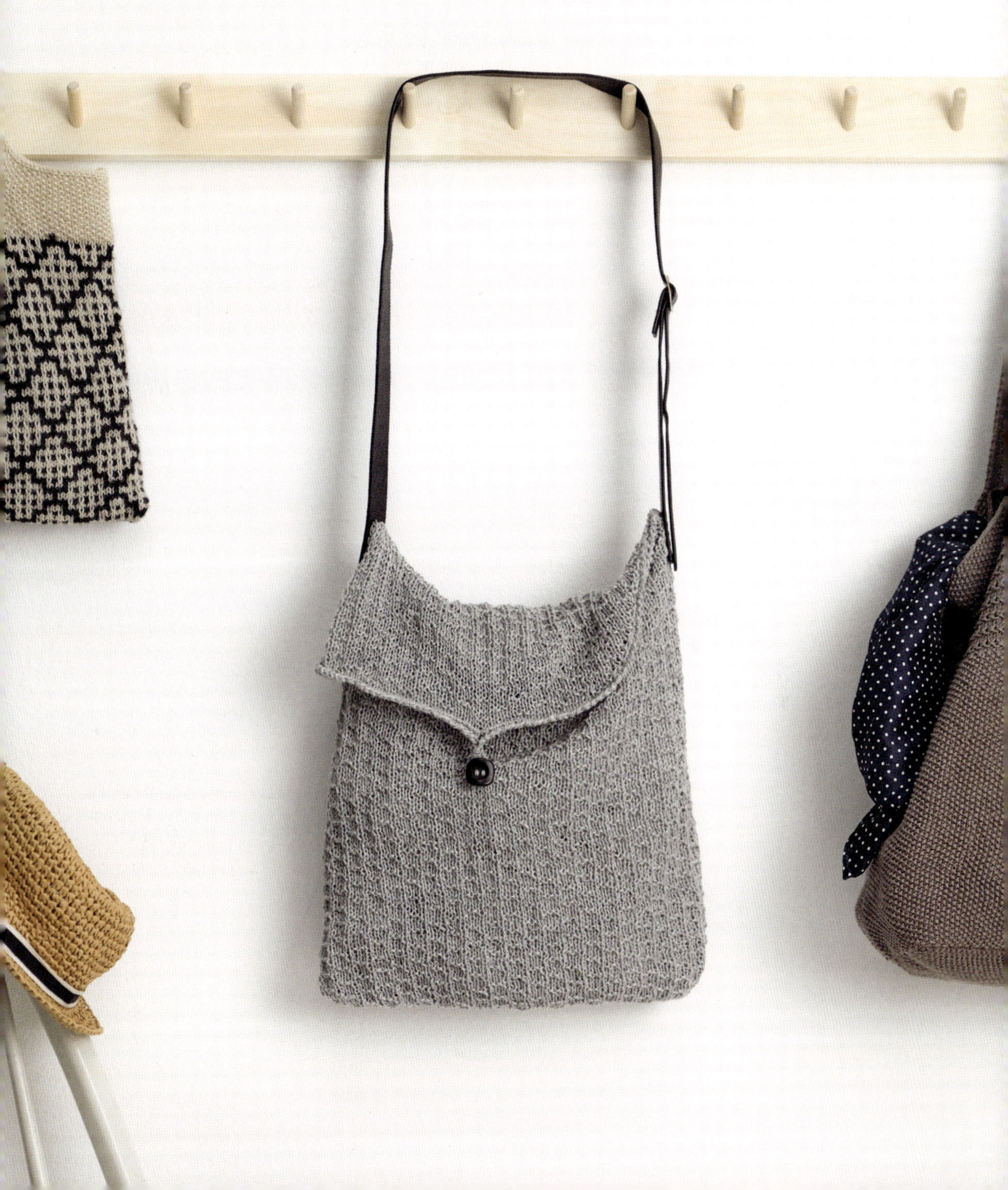

Møn

Strandtasche

GRÖSSE
44 cm x 48 cm

MATERIAL
- Landlust Baumwolle (LL 115 m/50 g) in Graubraun (Fb 16), 400 g
- Rundstricknadel 4,0 mm, 80 cm lang
- Maschenmarkierer
- Wollnadel

MASCHENPROBEN
Im Perlmuster mit Nd 4,0 mm 21 M und 38 R = 10 cm x 10 cm

Im Lochmuster mit Nd 4,0 mm 21 M und 32 R= 10 cm x 10 cm

Randmaschen
In allen R rechte M str.

Perlmuster
In Hinr bzw. ungeraden Rd 1 M rechts, 1 M links im Wechsel str.
In Rückr bzw. geraden Rd die rechten M links und die linken M rechts str.

Glatt rechts
In Rd rechte M str.

1 Masche verdoppeln
Aus 1 M 1 M rechts und 1 M rechts verschränkt stricken.

Lochmuster
M-Zahl teilbar durch 2.
1. Rd: Rechte M str.
2. Rd: * 2 M links zusammenstr, ab * fortlaufend wdh.
3. Rd: * 1 M verdoppeln, ab * fortlaufend wdh.
4. Rd: Rechte M str.
Die 1.-4 Rd fortlaufend wdh.

Anleitung

Beutel
Für den Taschenboden 32 M anschl und 32 cm (= 122 R) in folgender Einteilung str: Rdm, 30 M Perlmuster, Rdm. Alle M auf der Nd lassen, die Arbeit um 90 Grad nach rechts drehen und beginnend an der ersten Längsseite des Taschenbodens gleichmäßig verteilt zusätzliche M auffassen wie folgt: 92 M aus der 1. Längsseite, 32 M aus der Schmalseite und wieder 92 M aus der 2. Längsseite (= 248 M). Zur Rd schließen, den Rd-Anfang mit einem M-Markierer kennzeichnen und 27 cm (= 102 Rd) im Perlmuster str. Weiter 11 cm (= 35 Rd) im Lochmuster str (enden mit der 3. Rd des Lochmusters). Für den Abschluss noch 3 cm (= 12 Rd) im Perlmuster str. Alle M abk.

Henkel (2x)
13 M anschl und 60 cm (= 228 R) im Perlmuster str. Alle M abk.
Den 2. Henkel genauso str.

Fertigstellen
Die beiden Enden des 1. Taschenhenkels jeweils 11 cm vom linken und rechten Rand entfernt mit Steppstich von außen auf den oberen Perlmusterrand nähen. Den 2. Taschenhenkel auf der gegenüberliegenden Seite genauso annähen. Alle Fäden vernähen.

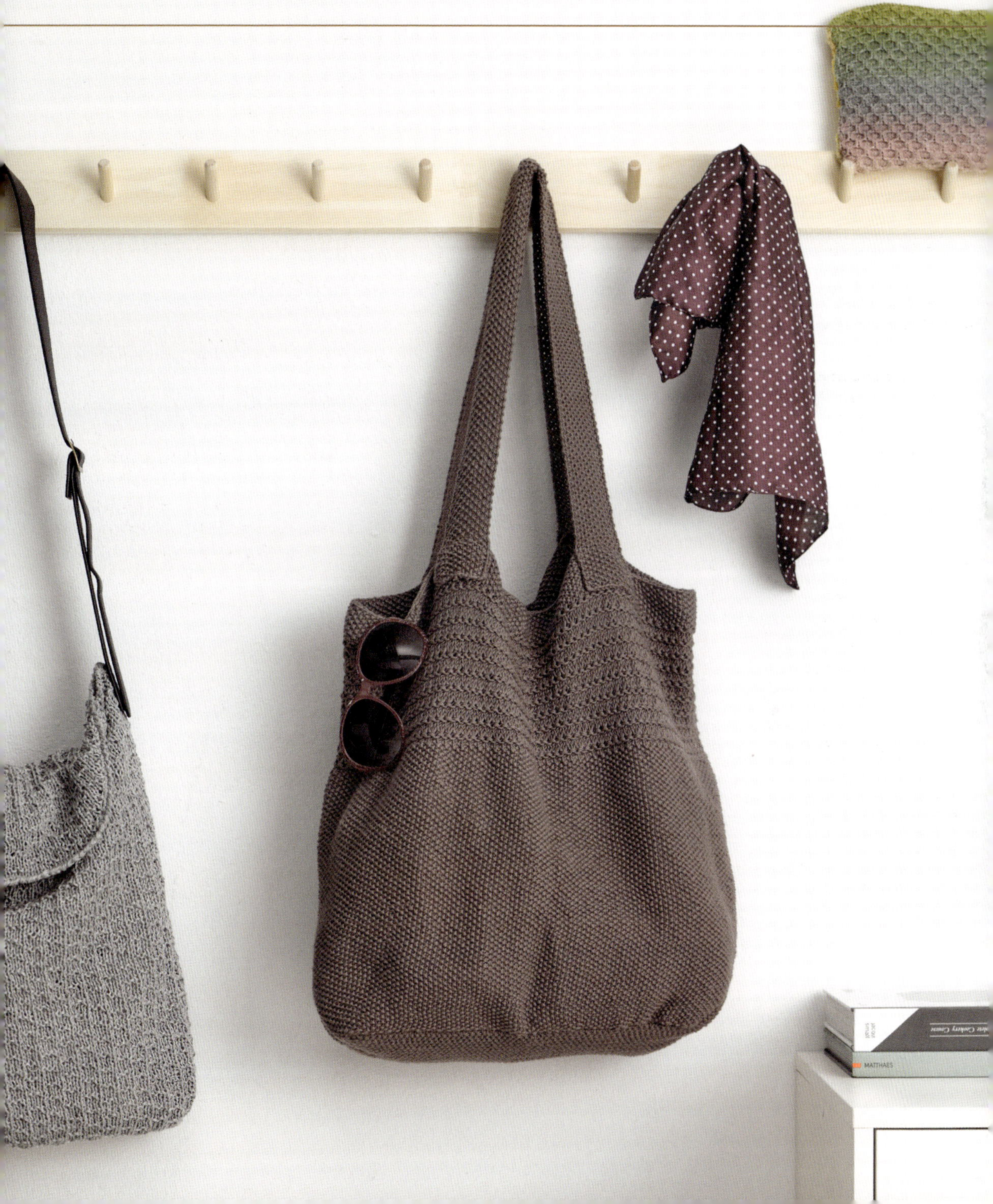
MATTHAES

Tromsø

Kosmetiktasche mit Reißverschluss

GRÖSSE
25 cm x 16 cm

MATERIAL

- Lang Yarns Baby Cotton Color (LL 180 m/50 g) in Pastell-Mix (Fb 786.0049), 100 g
- Rundstricknadel 2,5 mm, 60 cm lang
- Wollnadel
- Nähnadel
- Hilfsnadel
- Reißverschluss, 25 cm lang
- farblich passendes Nähgarn

MASCHENPROBE
Im Wabenmuster mit Nd 2,5 mm 40 M und 48 R = 10 cm x 10 cm

Randmaschen
In Hinr rechte M, in Rückr linke M str.

Glatt rechts
In Hinr rechte M, in Rückr linke M str.

Wabenmuster
M-Zahl teilbar durch 6 + 2.
Nach der Strickschrift str. Die Strickschrift zeigt nur die Hinr, in den Rückr alle M str, wie sie erscheinen. Den Rapport von 6 M fortlaufend wdh. Die 1.-8. R fortlaufend wdh.

Wabenmuster

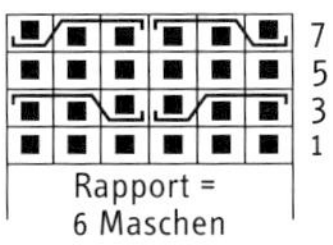

= 1 Masche rechts

= 2 Maschen auf einer Hilfsnadel hinter die Arbeit legen, 1 Masche rechts stricken, dann die beiden Maschen auf der Hilfsnadel rechts stricken

= 1 Masche auf einer Hilfsnadel vor die Arbeit legen, 2 Maschen rechts str, dann die Masche auf der Hilfsnadel rechts stricken

Anleitung
80 M anschl und für die vordere Taschenblende 9 R glatt rechts str, dabei in der letzten R gleichmäßig verteilt 18 M zunehmen (= 98 M). Eine Rückr rechte M str. Weiter 32 cm (= 152 R) in folgender Einteilung str: Rdm, 96 M Wabenmuster, Rdm. In der letzten R gleichmäßig verteilt 18 M abnehmen (= 80 M). Für die rückwärtige Taschenblende noch 1 R linke M und 9 R glatt rechts str. Alle M abk.

Fertigstellen
Das Strickstück r-a-r zur Hälfte falten, beide Taschenblenden liegen oben. Die Seitennähte einschließlich der Taschenblenden mit Steppstich zusammennähen. Die Taschenblenden nach innen schlagen und auf der Rückseite der Tasche ansäumen. Die Tasche wieder auf rechts drehen und den Reißverschluß entlang der oberen Kante an die Taschenblenden nähen. Alle Fäden vernähen.

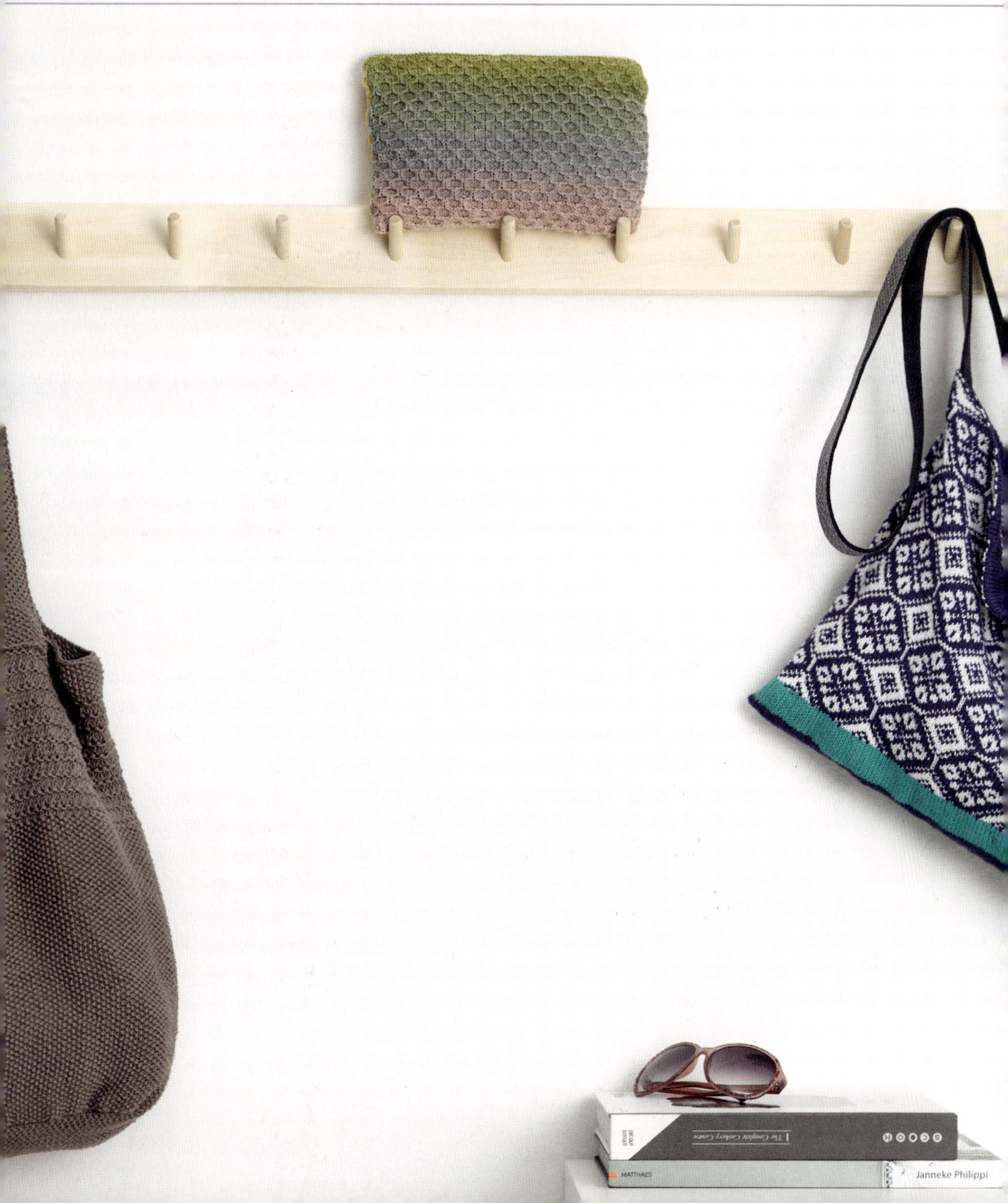
MATTHAES
Janneke Philippi

Stonybreck

Tasche mit Fair Isle-Muster

GRÖSSE
36 cm x 38 cm

MATERIAL
- Lang Yarns Baby Cotton (LL 180 m/50 g) in Blau (Fb 112.0106) und Weiß (Fb 112.0001), je 100 g, in Smaragd (Fb 112.0072), 50 g
- Rundstricknadel 3,0 mm, 80 cm lang
- Maschenmarkierer
- Wollnadel
- Nähnadel
- Gurtband, blau-weiß gestreift, 40 mm breit (Prym)
- farblich passendes Nähgarn

MASCHEN-PROBE
Glatt rechts
mit Nd 3,0
25 M und 37 R
= 10 cm x 10 cm

Glatt rechts
In Rd alle M rechts str.

Fair Isle-Muster
In allen Rd glatt rechts nach dem Zählmuster str. Das Zählmuster zeigt alle Rd. Den Rapport von 20 M fortlaufend wdh. Die 1.-20. Rd 4x str, dann die 1.-19. Rd noch 1x wdh.

Fair Isle-Muster

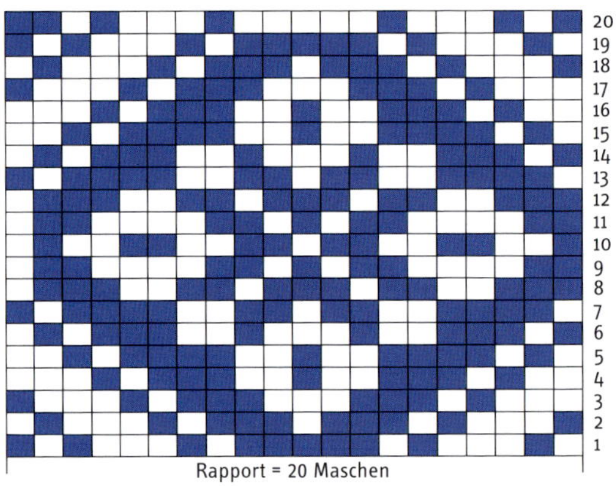

■ = 1 Masche in Blau
□ = 1 Masche in Weiß

Anleitung
In Blau 180 M anschl, zur Rd schließen, den Rd-Anfang mit einem M-Markierer kennzeichnen, und 6 Rd glatt rechts str. Weiter zunächst 10 Rd glatt rechts in Smaragd str, dann glatt rechts im Fair Isle Muster weiterstr. Nach 99 Rd im Fair Isle-Muster für die obere Taschenblende in Blau zunächst 1 Rd linke M, dann 10 Rd glatt rechts str. Alle M locker abk.

Fertigstellen
Den Taschenboden von rechts im Maschenstich zusammennähen. Die obere blaue Taschenblende nach innen einschlagen und mit einigen Saumstichen an die Innenseite der Tasche nähen. Einen Gurt von ca. 120 cm Länge zuschneiden und die Enden von innen an die Seiten auf die obere Blende nähen. Alle Fäden vernähen.

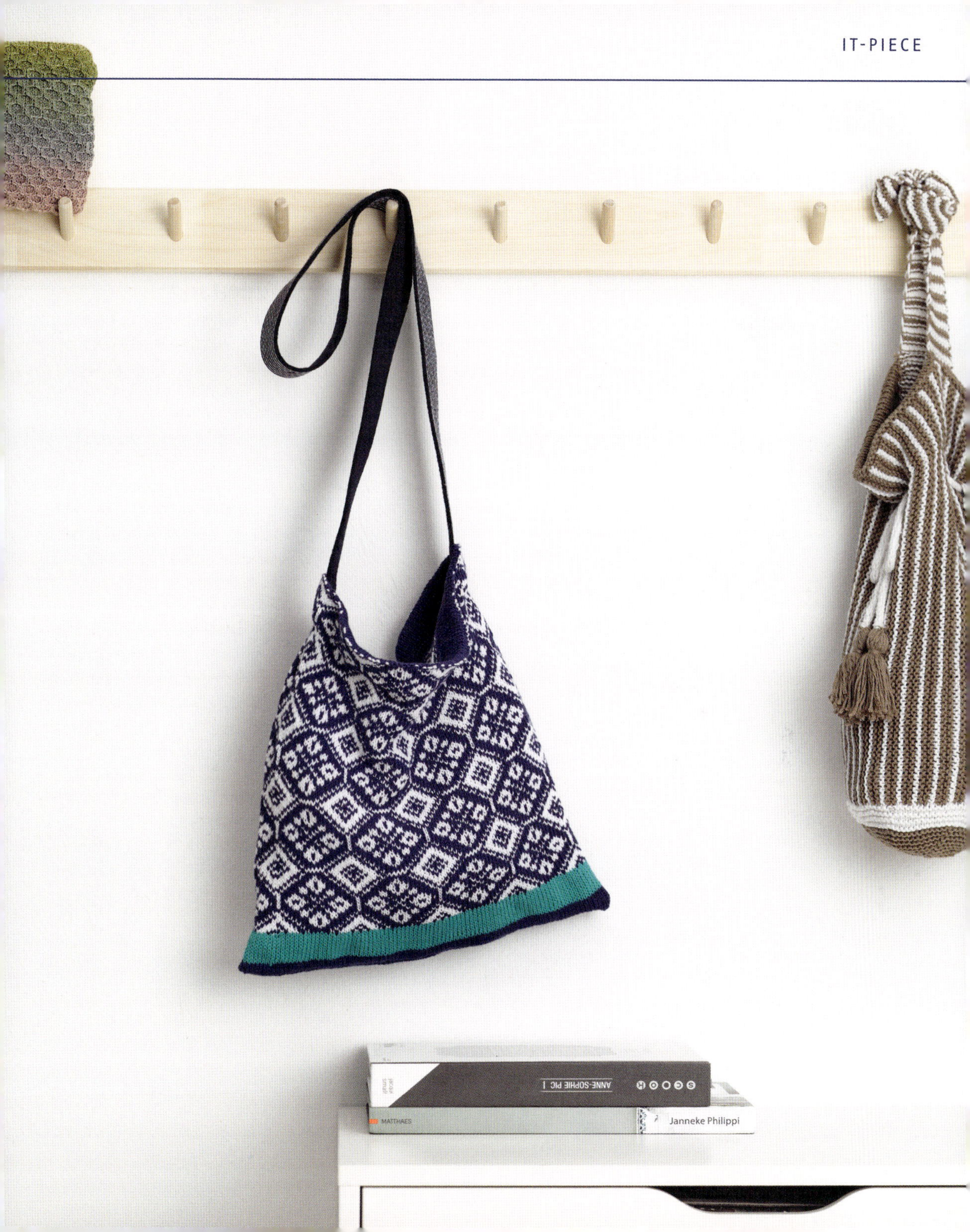
Janneke Philippi

Reykjavik

Beuteltasche mit Längsstreifen

GRÖSSE
26 cm x 32 cm

MATERIAL

- Lana Grossa Dodici (LL 110 m/50 g) in Taupe (Fb 17), 150 g, in Weiß (Fb 01), 100 g
- Garn in Kontrastfarbe, Rest
- 2 Rundstricknadeln 4,0 mm, 80 cm lang
- Nadelspiel 4,0 mm
- Häkelnadel 4,0 mm
- Maschenmarkierer
- Wollnadel

MASCHENPROBE
Kraus rechts
mit Nd 4,0
20 M und 40 R
= 10 cm x 10 cm

Kraus rechts

In Hin- und Rückr rechte M str. In geraden Rd rechte M, in ungeraden Rd linke M str.

Glatt rechts

In Rd alle M rechts str.

Streifenfolge A

2 R in Weiß, 4 R in Taupe, fortlaufend wdh.

Streifenfolge B

2 R in Taupe, 2 R in Weiß, fortlaufend wdh.

Anleitung

Beutel

Für den provisorischen M-Anschlag mit der Häkelnd und Kontrastgarn 75 Lm anschl, den Faden abschneiden und durch die letzte M ziehen. In Taupe aus den hinteren M-Gliedern der Lm-Kette mit der Rundstricknd 64 M auffassen und beginnend mit einer Hinr zunächst 2 R kraus rechts str. Weiter 18 R kraus rechts in der Streifenfolge A str. Für den Kordeldurchzug eine Loch-R str, wie folgt: 44 M rechts str, 1 U, 2 M rechts zusammenstr, rechte M str bis R-Ende. Diese Loch-R noch 4x in jeder 42. R wdh.
Nach 52 cm Gesamtlänge (= 208 R) (endend mit 2 R in Weiß) noch 1 R rechte M in Taupe str. Alle M auf der Nd lassen. Den provisorischen M-Anschlag vorsichtig auflösen, dabei die freiwerdenden M auf die 2. Rundstricknd heben. Beide Rundstricknd parallel übereinanderlegen, die Nd-Spitzen zeigen nach rechts. Jeweils 1 M auf der 1. Nd mit 1 M auf der 2. Nd im Maschenstich zusammennähen. Die Fäden abschneiden und vernähen.

Blende

Mit dem Nd-Spiel in Taupe aus dem oberen Rand 104 M auffassen, die M gleichmäßig auf 4 Nd verteilen (= 26 M pro Nd) und zur Rd schließen und den Rd-Anfang mit einem M-Markierer kennzeichnen. Zunächst 1 Rd linke M stricken, dann 18 Rd glatt rechts str. Alle M locker abk.

Boden

Mit dem Nd-Spiel in Weiß aus dem unteren Rand 104 M auffassen, die M gleichmäßig auf 4 Nd verteilen (= 26 M pro Nd) und zur Rd schließen. Zunächst 1 Rd linke M str, dann 6 Rd kraus rechts str. Den Faden abschneiden und in Taupe weiterstr.
1. Rd (Abnahme-Rd): * 11 M rechts str, 2 M rechts zusammenstr, ab * fortlaufend wdh bis Rd-Ende (= 96 M).
2. Rd: Linke M str.
3. Rd: * 10 M rechts str, 2 M rechts zusammenstr, ab * fortlaufend wdh bis Rd-Ende (= 88 M).
4. Rd: Linke M str.
5. Rd: * 9 M rechts str, 2 M rechts zusammenstr, ab * fortlaufend wdh bis Rd-Ende (= 80 M).
6. Rd: Linke M str.
Nach diesem Schema (Abnahme-Rd, gefolgt von 1 Rd linker M) weiterstr, bis auf jeder Nd noch 4 M übrig sind. Dann weiterstr, wie folgt:

Nächste Rd: * 2 M rechts zusammenstr, ab * fortlaufend wdh. Die letzte Rd noch 1x wdh, den Faden abschneiden und durch die letzten 4 M ziehen. Den Faden nach innen ziehen und vernähen.

Gurt

In Taupe 10 M anschl und 80 cm kraus rechts in der Streifenfolge B str. Alle M abk.

Kordel

In Weiß mit 2 Nd des Nd-Spiels 4 M anschl und einen I-Cord von 100 cm Länge anfertigen (siehe „TOPP-Tipps").

Fertigstellen

Die Blende nach innen klappen und knapp über der Lochreihe für den Kordeldurchzug ansäumen. In Taupe 2 Quasten anfertigen. Die Kordel durch die Löcher ziehen, dabei gehen Anfang und Ende der Kordel durch dasselbe Loch. Die Quasten an den Kordelenden befestigen. Die Enden des Gurts von innen auf den Seiten an die obere Blende nähen. Alle Fäden vernähen.

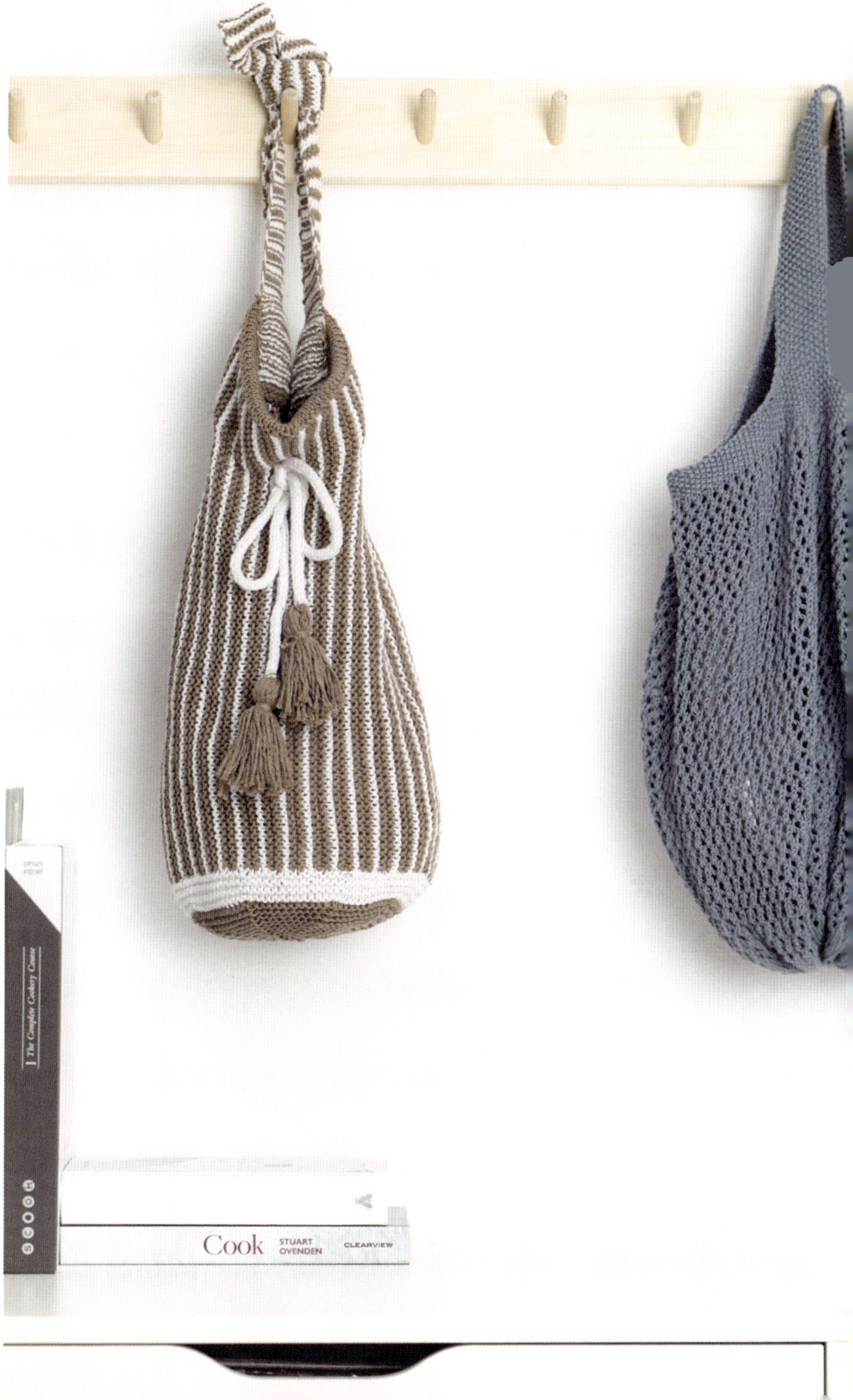

Lund

großes Einkaufsnetz

GRÖSSE
45 cm x 38 cm

MATERIAL
- Lana Grossa Elastico (LL 160 m/50 g) in Jeans (Fb 134), 200 g
- Rundstricknadel 4,0 mm, 80 cm lang
- Nadelspiel 4,0 mm
- Maschenmarkierer
- Wollnadel

MASCHEN-PROBEN
Im Perlmuster mit Nd 4,0 mm 25 M und 39 R = 10 cm x 10 cm

Im Netzmuster mit Nd 4,0 mm 22 M und 30 R = 10 cm x 10 cm

Perlmuster

In Hinr bzw. ungeraden Rd 1 M rechts, 1 M links im Wechsel str.
In Rückr bzw. geraden Rd die rechten M links und die linken M rechts str.

Netzmuster

M-Zahl teilbar durch 2.
1. Rd: Rechte M str.
2. Rd: * 2 M rechts zusammenstr, 1 U, ab * fortlaufend wdh.
3. Rd: Rechte M str.
4. Rd: * 1 U, 2 M rechts zusammenstr, ab * fortlaufend wdh.
Die 1.-4. Rd fortlaufend wdh.

Anleitung

Für den linken Henkel auf 2 Nd des Nd-Spiels 12 M anschl und 40 cm (= 156 R) im Perlmuster str. Alle M auf der Nd lassen.
Den rechten Henkel genauso str.
Die 12 M des linken Henkels auf die Rundstricknd nehmen, 28 M neu anschl, aus der anderen Schmalseite des linken Henkels 12 M auffassen, 48 M neu anschl, die 12 M des rechten Henkels auf die linke Nd nehmen, 28 M neu anschl, aus der anderen Schmalseite des rechten Henkels 12 M auffassen, 48 M neu anschl (= 200 M). Zur Rd schließen, den Rd-Anfang mit einem M-Markierer kennzeichnen und 3 cm (= 12 Rd) im Perlmuster str, dann 36 cm (= 108 Rd) im Netzmuster und 2 Rd rechte M str.

Dann für den Taschenboden weiterstr, wie folgt:
1. Rd: * 3 M rechts, 2 M rechts zusammenstr, ab * fortlaufend wdh bis Rd-Ende (= 160 M).
2. +3. Rd: Rechte M str.
4. Rd: * 2 M rechts, 2 M rechts zusammenstr, ab * fortlaufend wdh bis Rd-Ende (= 120 M).
5. +6. Rd: Rechte M str.
7. Rd: * 1 M rechts, 2 M rechts zusammenstr, ab * fortlaufend wdh bis Rd-Ende (= 80 M).
8.+9. Rd: Rechte M str.
10.-12. Rd: * 2 M rechts zusammenstr, ab * fortlaufend wdh bis Rd-Ende (= 10 M).
Den Faden abschneiden und in das Innere der Tasche ziehen.

Fertigstellen

Alle Fäden vernähen.

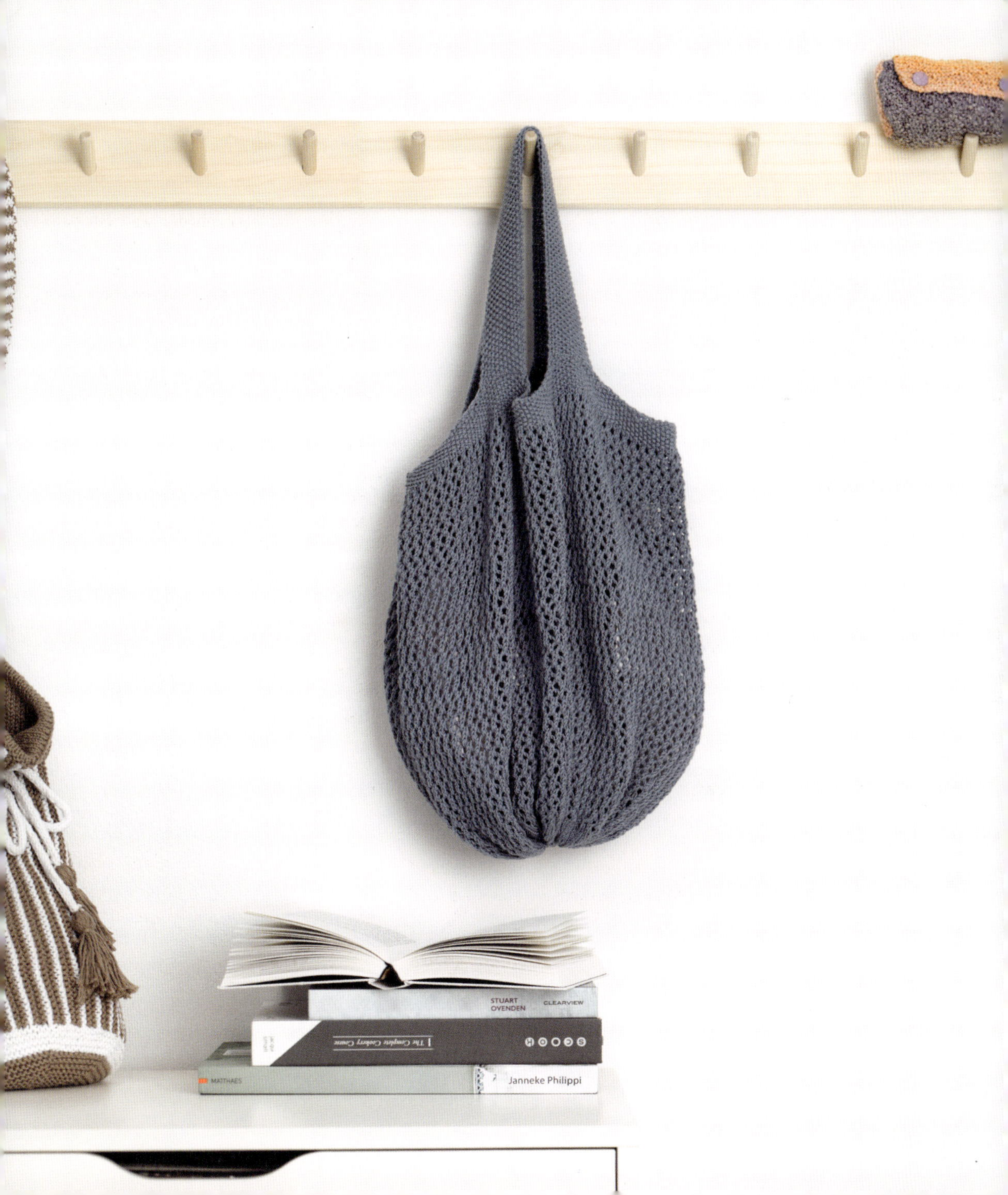
STUART
OVENDEN
CLEARVIEW
The Complete Cookery Course
MATTHAES
Janneke Philippi

Aarhus

Stifte-Etui

GRÖSSE
21 cm x 6 cm

MATERIAL
- Lang Yarns Paradise (LL 310 m/100 g) in Apricot-Mix (Fb 1109.0009), 100 g
- Rundstricknadel 3,5 mm, 60 cm lang
- Wollnadel
- Nähnadel
- 3 Knöpfe, ø 15 mm
- farblich passendes Nähgarn

MASCHENPROBE
Im großen Perlmuster mit Nd 3,5 mm
28 M und 48 R
= 10 cm x 10 cm

Kraus rechts
In Hin- und Rückr rechte M str.

Großes Perlmuster
M-Zahl teilbar durch 2 + 1.
1. R: * 1 M rechts, 1 M links, ab * fortlaufend wdh, enden mit 1 M rechts.
2. R: Alle M str, wie sie erscheinen.
3. R: * 1 M links, 1 M rechts, ab * fortlaufend wdh, enden mit 1 M links.
4. R: Alle M str, wie sie erscheinen.
Die 1.-4. R fortlaufend wdh.

Anleitung

Vorder- und Rückseite
57 M anschl und in folgender Einteilung str: * 4 R kraus rechts, 24 R großes Perlmuster, ab * noch 2x wdh, dann noch 4 R kraus rechts str. Der 1. Perlmuster-Abschnitt bildet die Vorderseite, der 2. den Taschenboden und der 3. die Rückseite.
Weiter für die Klappe 14 R kraus rechts str. In der nächsten Hinr 3 Knopflöcher str: 7 M rechts str, 2 M abk, * 18 M rechts str, 2 M abk, ab * noch 1x wdh, rechte M str bis R-Ende. In der nächsten Rückr rechte M str und die zuvor abgeketteten M wieder neu anschl. Noch 3 R kraus rechts str, dann alle M abk.

Seitenteile
Für das rechte Seitenteil mit Blick auf die Vorderseite aus dem Rand des rechten Taschenbodens (= mittlerer Perlmuster-Abschnitt plus je 2 R der kraus rechts gestrickten Streifen rechts und links dieses Abschnitts) 15 M auffassen.
Weiter 8 R im großen Perlmuster str. Dann eine Abnahme-Rd str, wie folgt: 2 M rechts zusammenstr, im großen Perlmuster str bis 2 M vor R-Ende, 2 M rechts überzogen zusammenstr. Diese Abnahme-Rd noch 2x in jeder 6. R wdh (= 9 M). Noch 4 R kraus rechts str, dann alle M abk.
Das linke Seitenteil auf der gegenüberliegenden Seite genauso str.

Fertigstellen
Die Seitenteile von links mit Steppstich an Vorder- und Rückseite nähen. Die Klappe über die Vorderseite schlagen und die Knöpfe passend zu den Knopflöchern auf die Vorderseite der Tasche nähen. Alle Fäden vernähen.

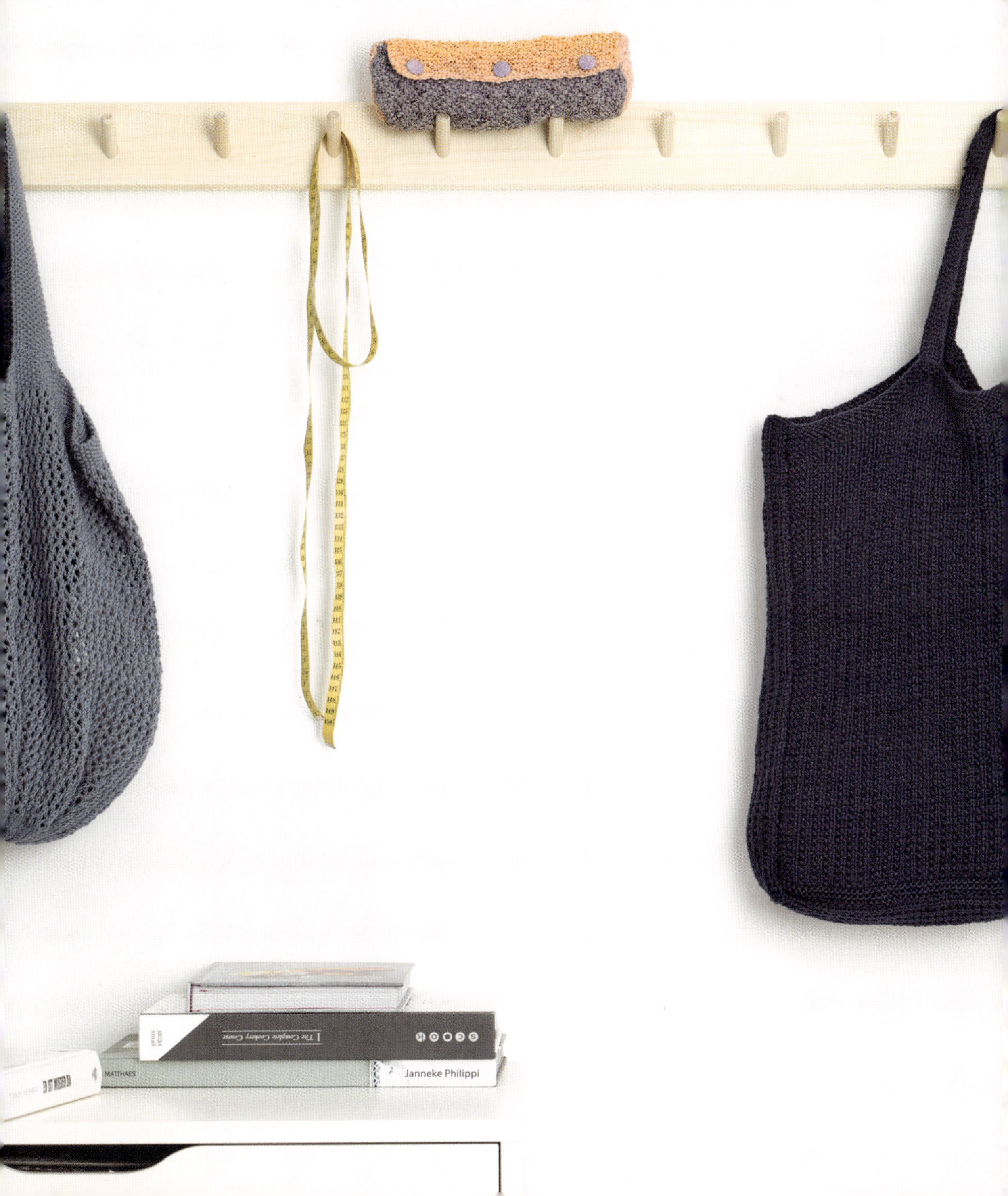
MATTHAES
Janneke Philippi

Helsinki

Shopper-Tasche

GRÖSSE
42 cm x 42 cm

MATERIAL
- Wool Addicts Sunshine (LL 95 m/50 g) in Dunkelblau (Fb 1014.0035), 350 g
- Rundstricknadel 4,5 mm, 80 cm lang
- Nadelspiel 4,5 mm
- Wollnadel

MASCHENPROBE
Im Rippenmuster mit Nd 4,5 mm 19 M und 31 R = 10 cm x 10 cm

Rippenmuster
In Hinr rechte M str. In Rückr 1 M links, 1 M rechts im Wechsel str, enden mit 1 M links.

Kraus rechts
In Hin- und Rückr rechte M str.

Anleitung

Vorderseite
83 M anschl und 6 R kraus rechts str. Weiter in folgender M-Einteilung str: 4 M kraus rechts, im Rippenmuster bis 4 M vor R-Ende str, 4 M kraus rechts. Nach 38 cm (= 118 R) noch 6 R kraus rechts str. Alle M abk.

Rückseite
Die Rückseite genauso str.

Seitenteile und Taschenboden
Für das linke Seitenteil 17 M anschl und 42 cm (= 130 R) im Rippenmuster str, dann für die linke untere Ecke 1 R linke M und 1 R rechte M str. Für den Taschenboden 41 cm (= 128 R) im Rippenmuster str, dann für die rechte untere Ecke wieder 1 R linke M und 1 R rechte M str. Für das rechte Seitenteil noch 42 cm (= 130 R) im Rippenmuster str, dann alle M abk.

Griff (2x)
Für den 1. Griff 7 M anschl und daraus einen I-Cord von 30 cm Länge str (siehe „So wird's gemacht"), dann alle M abk. Den 2. Griff genauso str.

Fertigstellen
Die Anschlagkanten von Vorder- und Rückseite von links mit Steppstich an den Taschenboden nähen, dann die rechte und linke Seite von Vorder- und Rückseite ebenfalls von links an die Seitenteile nähen. Die Griffe ca. 16 cm von den äußeren Taschenrändern von innen mit einigen Saumstichen an die kraus rechts gestrickte Kante der Tasche nähen.

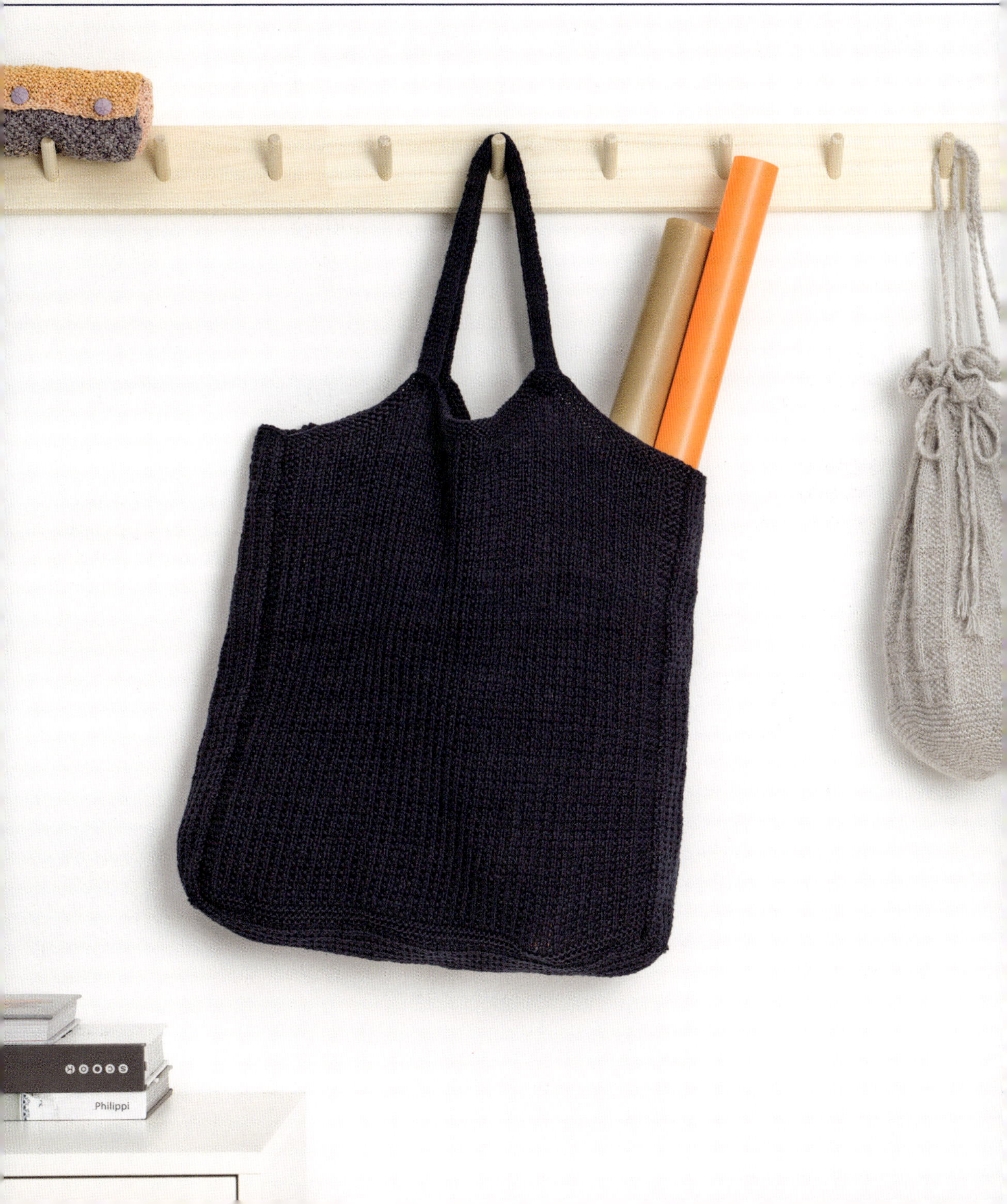
Philippi

Göteborg

Beuteltasche mit Flechtmuster

GRÖSSE
28 cm x 28 cm

MATERIAL
- Lana Grossa Ecopuno (LL 215 m/50 g) in Grège (Fb 18), 100 g
- Rundstricknadel 3,5 mm, 60 cm lang
- Nadelspiel 3,5 mm
- Maschenmarkierer
- Wollnadel
- Klebeband
- feste Pappe, DIN A4

MASCHENPROBE
Im Flechtmuster mit Nd 3,5 mm 23 M und 35 R = 10 cm x 10 cm

STRICKSCHRIFT
Seite 47

Kraus rechts
In geraden Rd rechte M, in ungeraden Rd linke M str.

Flechtmuster
Nach der Strickschrift str. Die Strickschrift zeigt alle Rd. Die 1.-14. M und die 1.-18. Rd der Strickschrift fortlaufend wdh.

1 Masche verdoppeln
Aus 1 M 1 M rechts und 1 M rechts verschränkt herausstricken.

Anleitung
Für den Taschenboden auf dem Nd-Spiel 6 M anschl und 1 Rückr linke M str. Die M gleichmäßig auf 3 Nd verteilen, zur Rd schließen, den Rd-Anfang mit einem M-Markierer kennzeichnen und kraus rechts weiterstr wie folgt:
1. Rd: Rechte M str und dabei jede M verdoppeln (= 12 M)
2. Rd (und alle geraden Rd): Linke M str.
3. Rd: * 1 M verdoppeln, 1 M rechts, ab * fortlaufend wdh (= 18 M).
5. Rd: * 1 M verdoppeln, 2 M rechts, ab * fortlaufend wdh (= 24 M).
7. Rd: * 1 M verdoppeln, 3 M rechts, ab * fortlaufend wdh (= 30 M).
Nach diesem Prinzip weiter M zunehmen. Zwischen den verdoppelten M vergrößert sich der Abstand immer um 1 M. Ggf. die M auf 4 Nd oder die Rundstricknd verteilen, dabei den Rd-Anfang nicht verschieben. Die Zunahmen so oft wdh, bis 126 M auf den Nd sind. Noch 6 Rd kraus rechts ohne Zunahmen arb.

Anschließend 26 cm (= 90 Rd) im Flechtmuster str und mit der 18. Rd der Strickschrift enden. In der nächsten Rd eine Lochmuster-R arb wie folgt: * 2 M rechts zusammenstr, 1 U, ab * fortlaufend wdh bis Rd-Ende. Weiter noch 7 Rd im Flechtmuster (beginnend mit der 1. Rd der Strickschrift) und 4 Rd kraus rechts str. Alle M abk.

Fertigstellen
Für die Bindekordel 9 Fäden von je 120 cm Länge zuschneiden, an einem Ende verknoten (ca. 3 cm unterhalb des Endes) und das Ende mit Klebeband auf fester Pappe oder der Tischplatte festkleben. Nun einen Zopf aus 3 Strängen mit je 3 Fäden flechten. Das untere Ende ca. 3 cm vor Ende der Stränge wieder verknoten. Für die Tragekordel 15 Stränge von je 150 cm Länge zuschneiden und wie zuvor beschrieben aus 3 Strängen zu je 5 Fäden eine Kordel flechten.
Die kürzere Bindekordel durch die Lochreihe fädeln und zur Schleife binden. Die längere Tragekordel auf der gegenüberliegenden Seite so durch 2 der Löcher ziehen, dass die beiden Enden jeweils innen liegen. Die Enden mit einigen Stichen an der Rückseite annähen.

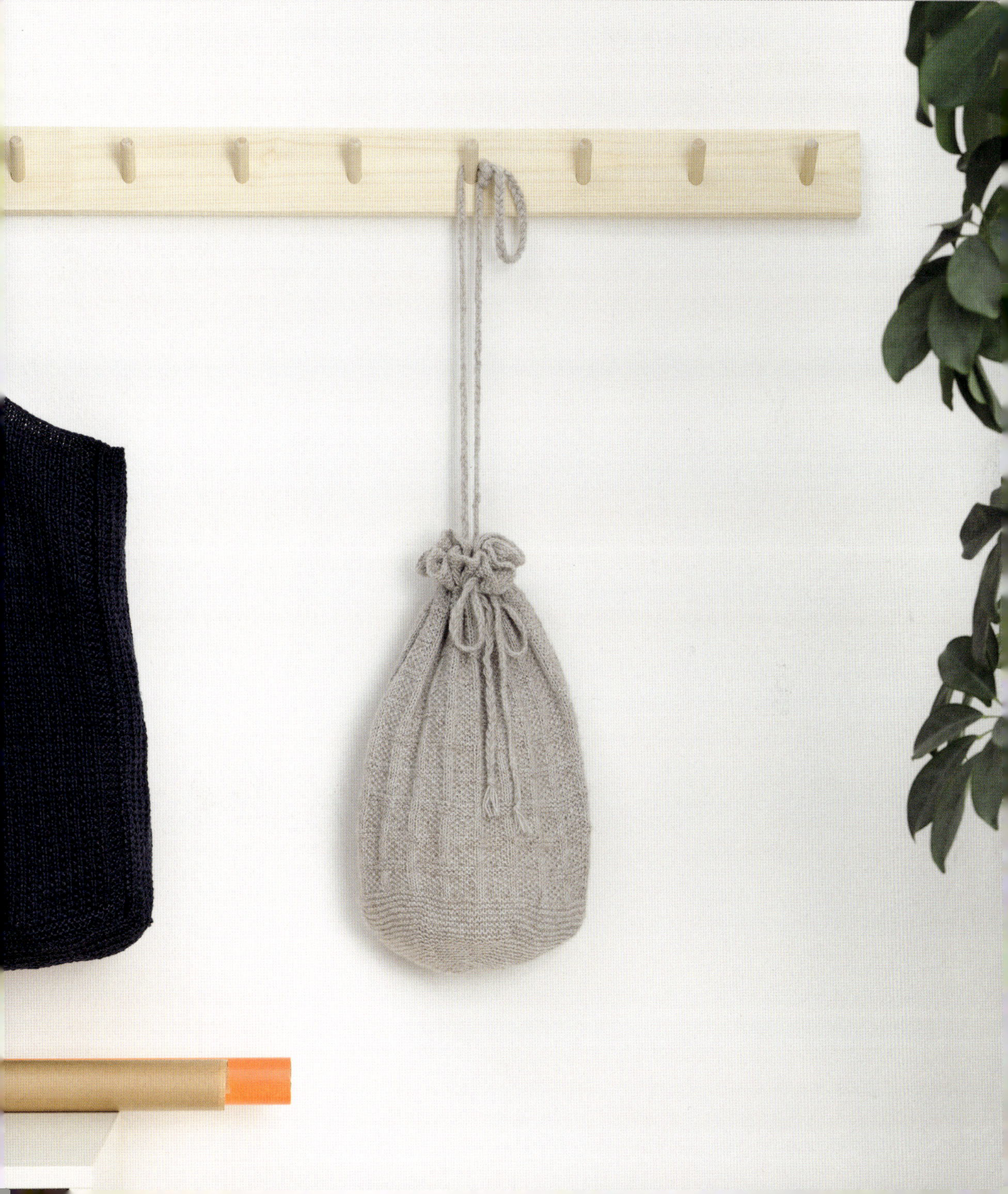

Södermalm

Alltagstasche mit Blüten

Randmaschen
In den Hinr rechte M, in den Rückr linke M str.

Glatt rechts
In Hinr rechte M, in Rückr linke M str. In Rd alle M rechts str.

Kraus rechts
In Hin- und Rückr rechte M str. In geraden Rd rechte M, in ungeraden Rd linke M str.

Blüte
Mit der rechten Nd 3 R tiefer von vorn in die übernächste M auf der linken Nd stechen, 1 Schlinge holen, 2 M rechts, eine 2. Schlinge aus derselben M wie vorher holen, 2 M rechts, eine 3. Schlinge aus derselben M wie vorher holen.

Blütenmuster
M-Zahl teilbar durch 10 + 8.
1.-6. Rd: Glatt rechts str.
7. Rd: * 6 M rechts, 1 Blüte str (siehe oben), ab * fortlaufend wdh.
8. Rd: 5 M rechts, * 2 M rechts zusammenstr, 1 M rechts, 2 M rechts zusammenstr, 1 M rechts, 2 M rechts zusammenstr, 5 M rechts, ab * fortlaufend wdh.
9.-14. Rd: Glatt rechts str.
15. Rd: * 1 Blüte, 6 M rechts, ab * fortlaufend wdh.
16. Rd: * 5 M rechts, 2 M rechts verschränkt zusammenstr, 1 M rechts, 2 M rechts verschränkt zusammenstr, 1 M rechts, 2 M rechts verschränkt zusammenstr, ab * fortlaufend wdh.
Die 1.-16. Rd fortlaufend wdh.

Anleitung

Beutel
Für den Taschenboden 18 M anschl und 22 cm (= 88 R) in folgender Einteilung str: Rdm, kraus rechts str bis 1 M vor R-Ende, Rdm. Alle M auf der Nd lassen, die Arbeit um 90 Grad nach rechts drehen und beginnend an der ersten Längsseite des Taschenbodens gleichmäßig verteilt zusätzliche M auffassen wie folgt: 42 M aus der 1. Längsseite, 18 M aus der Schmalseite und wieder 42 M aus der 2. Längsseite (= 120 M). Zur Rd schließen, den Rd-Anfang mit einem M-Markierer kennzeichnen und 16 cm (= 48 Rd) im Blütenmuster str.
Weiter 6 Rd in folgender Mustereinteilung str: 26 M Blütenmuster, 26 M kraus rechts str, im Blütenmuster str bis Rd-Ende.
Für den Tascheneingriff str, wie folgt: 26 M Blütenmuster, 26 M abk, im Blütenmuster weiterstr bis Rd-Ende. In der nächsten Rd im Blütenmuster weiterstr und die 26 abgeketten M wieder anschl.
Nach 24,5 cm (= 74 Rd) ab Taschenboden noch 3 cm (= 10 Rd) kraus rechts str. In der nächsten Rd wie folgt: 18 M rechts str, 42 M abk, 18 M auf einer Hilfsnd stilllegen, 42 M abk. Über die restlichen 18 M auf der Rundstricknd für den Taschengriff 50 cm (= 200 R) kraus rechts str. Alle M auf der Nd lassen.

Taschenbeutel
Am Tascheneingriff 26 M auffassen und beginnend mit einer Rückr 9 cm (= 27 R) glatt rechts str.

Fertigstellen
Die 18 M auf der Rundstricknd mit den stillgelegten 18 M auf der Hilfsnd von rechts im Maschenstich zusammennähen, dabei darauf achten, dass sich der Taschenriemen nicht verdreht. Den Taschenbeutel von links mit einigen Saumstichen so an die Tasche säumen, dass man die Naht auf der Vorderseite nicht sieht. Alle Fäden vernähen.

GRÖSSE
32 cm x 22 cm

MATERIAL

- Kremke Soul Wool Karma Cotton (LL 105 m/50 g) in Gelb (Fb 02_70260), 200 g
- Rundstricknadel 3,5 mm, 60 cm lang
- Maschenmarkierer
- Wollnadel
- 2 Hilfsnadeln

MASCHENPROBEN
Glatt rechts mit Nd 3,5 mm
19 M und 30 R = 10 cm x 10 cm

Kraus rechts mit Nd 3,5 mm
19 M und 40 R = 10 cm x 10 cm

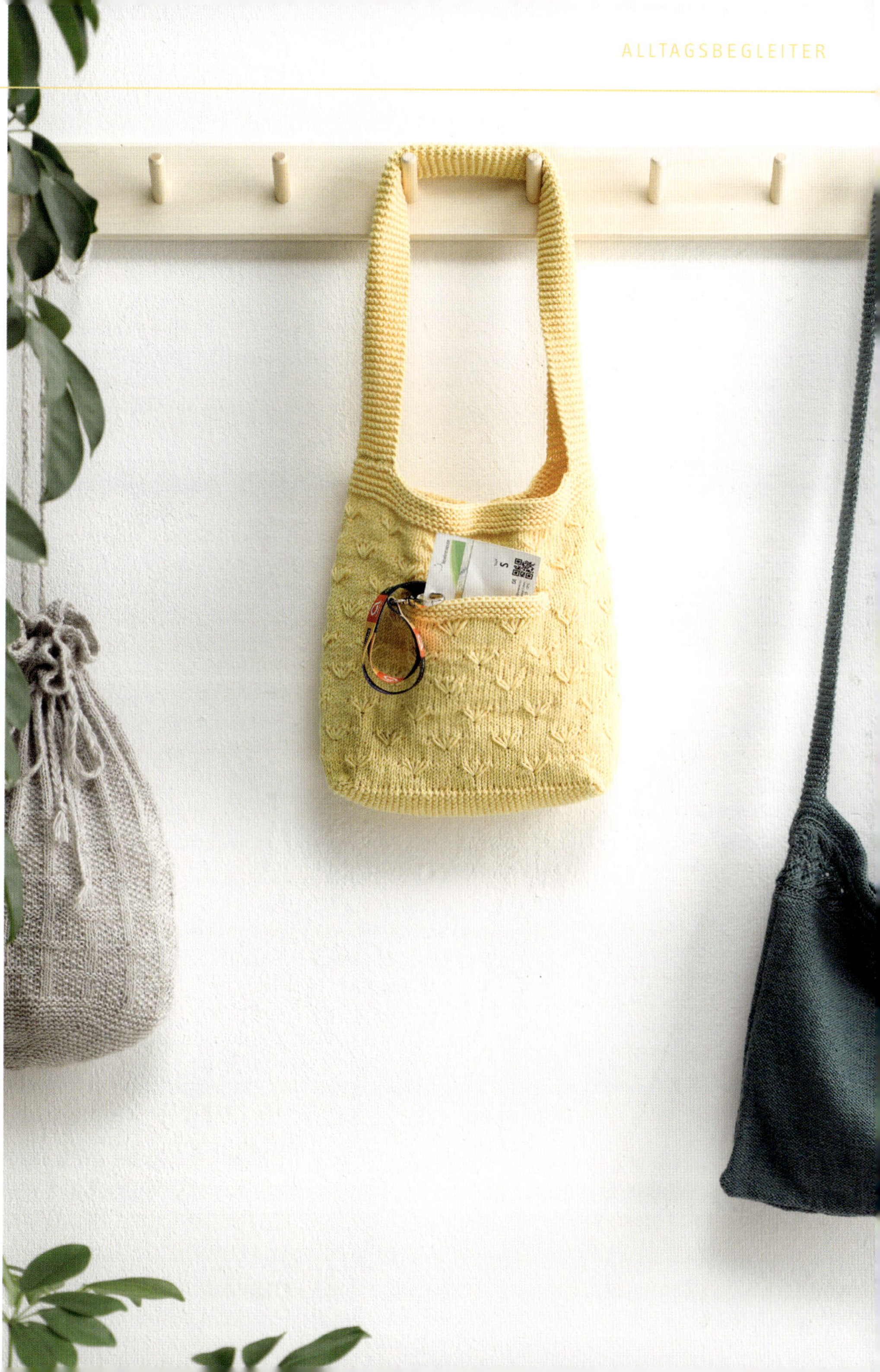

Bornholm

Tasche mit Lacebordüre

GRÖSSE
34 cm x 33 cm

MATERIAL
- Kremke Soul Wool Edelweiss Classic 4fach (LL 420 m/100 g) in Petrolgrün (Fb 419), 200 g
- Rundstricknadel 3,0 mm, 60 cm lang
- Hilfsnadel
- Wollnadel

MASCHENPROBE
Glatt links
mit Nd 3,0 mm
28 M und 36 R
= 10 cm x 10 cm

Glatt Links
In Hinr linke M, in Rückr rechte M str.

Kraus rechts
In Hin- und Rückr rechte M str.
In geraden Rd rechte M, in ungeraden Rd linke M str.

Pfeilmuster
Nach der Strickschrift str. Die Strickschrift zeigt nur die Hinr, in den Rückr alle M und U links str. Die 1.-21. M 1x str, die 1.-8 R fortlaufend wdh.

Anleitung

Vorderseite
Zunächst die Bordüre str. Dafür 21 M anschl und eine Rückr linke M str, dann im Pfeilmuster weiterstr. Nach 34 cm (= 120 R bzw. 15 Höhenrapporten) alle M abk.
Die Bordüre auf das Maß von 34 cm x 6 cm spannen, leicht anfeuchten und trocknen lassen. Weiter mit Blick auf die Vorderseite aus einer der Längskanten 96 M auffassen und 28 cm (= 100 R) glatt links str. Alle M abk.

Rückseite
Die Rückseite genauso str.

Fertigstellen
Beide Teile r-a-r übereinanderlegen und die Seiten sowie den Taschenboden von links zusammennähen.
Die Tasche auf rechts drehen und mit Blick auf die Vorderseite aus dem oberen Rand entlang der Pfeilbordüre 190 M auffassen, dabei links von einer der Seitennähte beginnen. Zur Rd schließen und 6 Rd kraus rechts str. Für den Gurt weiterstr wie folgt: 7 M rechts, 81 M abk, die nächsten 14 M auf einer Hilfsnd stilllegen, 81 M abk, 7 M rechts. Über die verbliebenen 14 M kraus rechts weiterstr. Nach ca. 60 cm (= 350 R) Gesamtlänge alle M auf der Nd lassen und mit den stillgelegten 14 M auf der Hilfsnd von rechts im Maschenstich zusammennähen. Alle Fäden vernähen.

Pfeilmuster

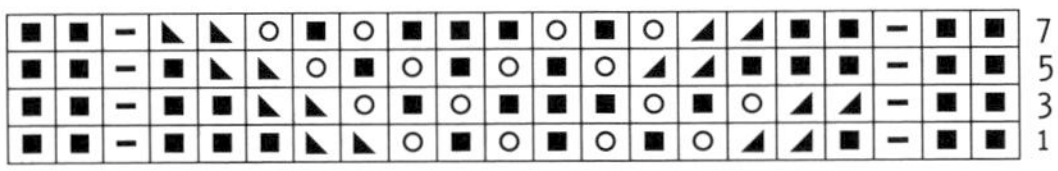

■ = 1 Masche rechts
– = 1 Masche links
○ = 1 Umschlag
◢ = 2 Maschen rechts zusammenstricken
◣ = 2 Maschen rechts überzogen zusammenstricken

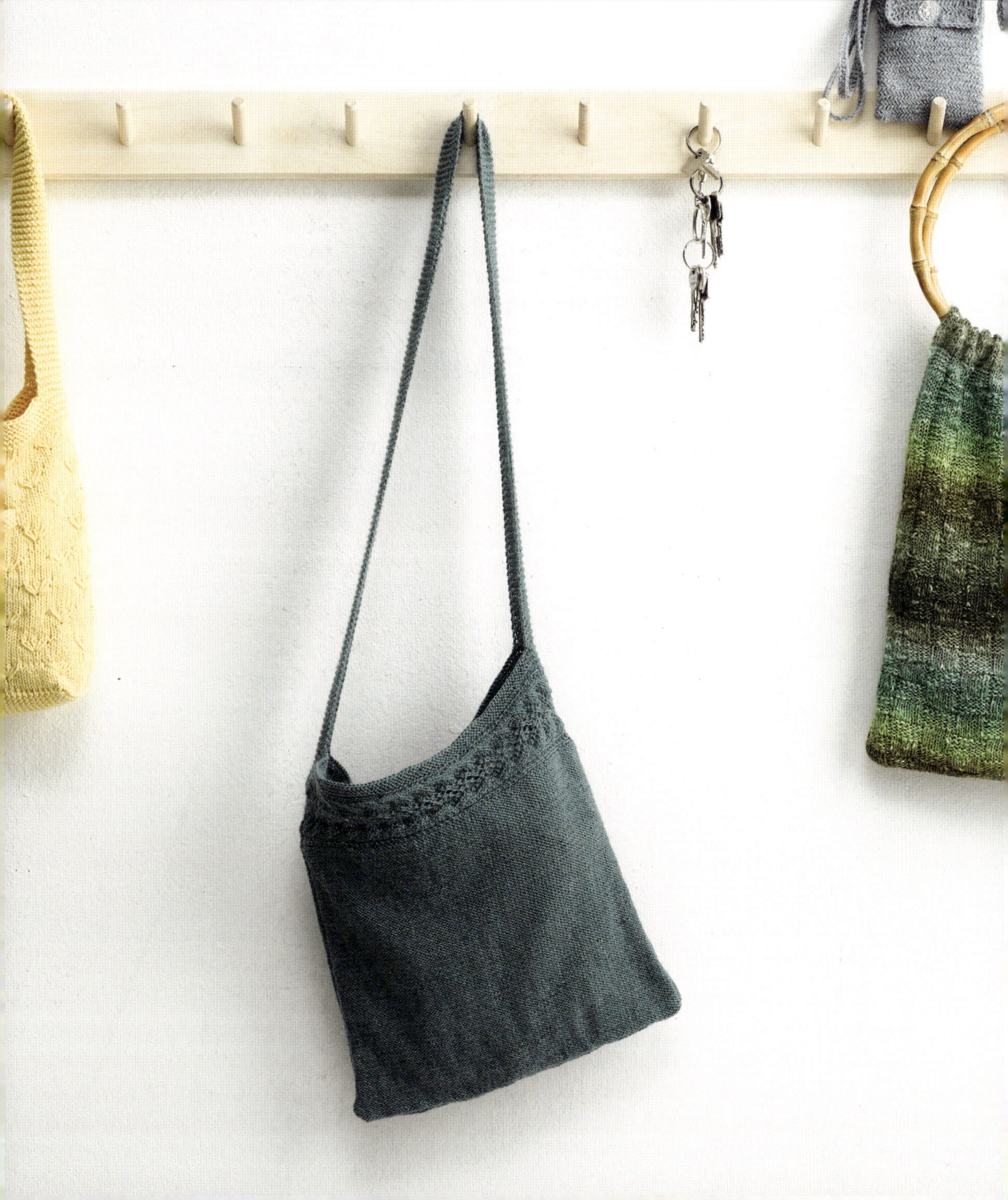

Aalborg

Smartphone-Tasche

GRÖSSE
10 cm x 16 cm

MATERIAL
- Kremke Soul Wool Reborn Jeans (LL 300 m/100 g) in blaues Denim mittel (Fb 802), 100 g
- Rundstricknadeln 3,5 mm und 4,0 mm, 60 cm lang
- Häkelnadel 3,5 mm
- Glasknopf, ø 18 mm
- Wollnadel
- farblich passendes Nähgarn

MASCHENPROBE
Im Fischgrätmuster mit Nd 4,0 mm
35 M und 25 R
= 10 cm x 10 cm

Rippenmuster

In Hinr 1 M rechts, 1 M links im Wechsel str, enden mit 1 M rechts.
In Rückr alle M str, wie sie erscheinen

Glatt links

In Hinr linke M, in den Rückr rechte M str.

Fischgrätmuster

M-Zahl teilbar durch 2.
1. R (Hinr): * 2 M rechts verschränkt zusammenstr, beide M auf der Nd lassen und nur die 1. der beiden M von der linken Nd gleiten lassen, ab * fortlaufend wdh, bis 1 M übrig ist. Diese M rechts str.
2. R: * 2 M links zusammenstr, beide M auf der Nd lassen und nur die 1. der beiden M von der linken Nd gleiten lassen, ab * fortlaufend wdh, bis 1 M übrig ist. Diese M links str.

Anleitung

Vorder- und Rückseite

Mit Rundstricknd 3,5 mm 35 M anschl und 4 R im Rippenmuster str. Weiter mit Nd 4,0 mm 33 cm (= 84 R) im Fischgrätmuster str. Wieder mit Nd 3,5 mm für den Beginn der Taschenklappe 2 R glatt links str. Zu den Nd 4,0 mm wechseln und die Taschenklappen-Schrägung weiterstr wie folgt:
1. R (Hinr): Im Fischgrätmuster str, bis noch 2 M auf der Nd sind, diese beiden M rechts verschränkt zusammenstr.
2. R (Rückr): 2 M links zusammenstr, im Fischgrätmuster str bis R-Ende.
Die 1. und 2. R so oft wdh, bis noch 20 M auf der Nd sind.
In der nächsten Hinr 1 Knopfloch str: 9 M im Fischgrätmuster, 1 U, 2 M rechts verschränkt zusammenstr, im Fischgrätmuster str bis 2 M vor R-Ende, 2 M rechts verschränkt zusammenstr. Die Rückr str, wie folgt: 2 M links zusammenstr, dann im Fischgrätmuster str bis zum R-Ende, dabei den Umschlag der Vor-R wie ein linke M behandeln. Alle M abk.

Band

Für das Band mit der Häkelnd 230 Lm anschl. Darüber 1 R fM häkeln, den Faden abschneiden und durch die letzte M ziehen.

Fertigstellen

Die Tasche mit Blick auf die Rückseite quer zur Hälfte umschlagen, sodass der Anschlagrand unter dem Beginn der Taschenklappe liegt. Die Taschenseiten von links mit Steppstich zusammennähen. Die Tasche wenden und mit der Häkelnd die Taschenklappe mit 1 R fM umhäkeln. Die Taschenklappe über die Vorderseite schlagen und den Knopf dem Knopfloch entsprechend auf die Vorderseite nähen. Die Enden des Bands von innen jeweils rechts und links der Taschenklappe an die Seitennähte nähen. Alle Fäden vernähen.

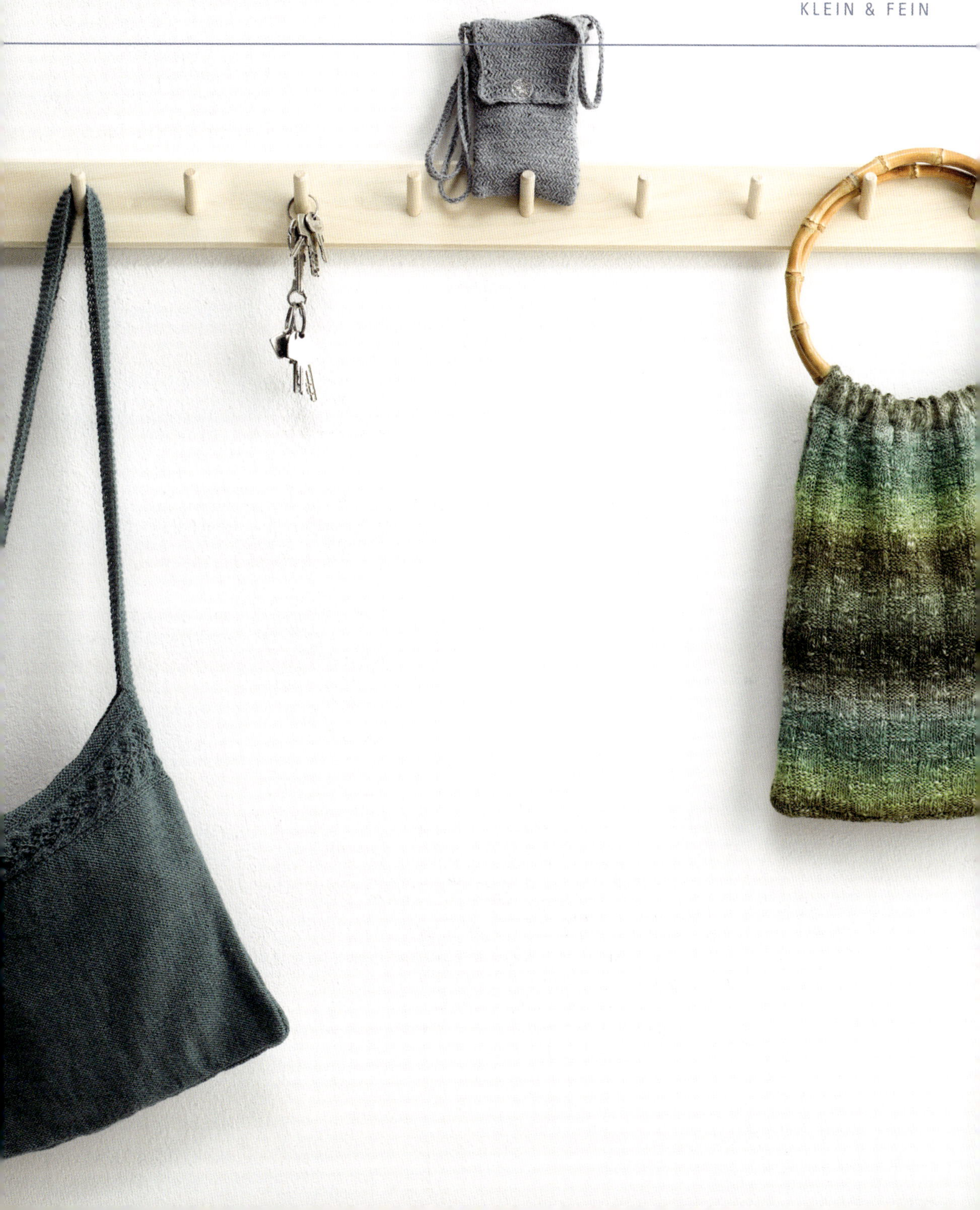

Lerwick

Tasche mit Bambusgriffen

GRÖSSE
30 cm x 34 cm

MATERIAL

- Lang Yarns Linello (LL 280 m/100 g) in Türkis-Mix (Fb 1066.0017), 200 g
- Rundstricknadel 3,0 mm, 80 cm lang
- 1 Paar Taschengriffe aus Bambus, ø 22 cm (Prym „Keiko“)
- Nähnadel

MASCHENPROBE
Im Webmuster mit Nd 3,0 mm 25 M und 40 R = 10 cm x 10 cm

Glatt rechts

In Hinr rechte M, in Rückr linke M str.

Webmuster

Nach der Strickschrift str. Die Strickschrift zeigt alle R mit Blick auf die Vorderseite. Den Rapport von 12 M fortlaufend wdh und mit der M nach dem Rapport enden. Die 1.-12. R der Strickschrift fortlaufend wdh.

Randmaschen

Die Rdm glatt rechts str.

Webmuster

■	■	■	■	■	■	■	■	■	■	■	■	■	12
–	–	–	–	–	–	–	■	■	■	■	■	–	11
–	–	–	–	–	–	–	■	■	■	■	■	–	10
–	–	–	–	–	–	–	■	■	■	■	■	–	9
–	–	–	–	–	–	–	■	■	■	■	■	–	8
–	–	–	–	–	–	–	■	■	■	■	■	–	7
■	■	■	■	■	■	■	■	■	■	■	■	■	6
–	■	■	■	■	■	–	–	–	–	–	–	–	5
–	■	■	■	■	■	–	–	–	–	–	–	–	4
–	■	■	■	■	■	–	–	–	–	–	–	–	3
–	■	■	■	■	■	–	–	–	–	–	–	–	2
–	■	■	■	■	■	–	–	–	–	–	–	–	1

Rapport = 12 Maschen

■ = In Hinreihen 1 Masche rechts, in Rückreihen 1 Masche links stricken

– = In Hinreihen 1 Masche links, in Rückreihen 1 Masche rechts stricken

Anleitung

Vorderseite

Für die Vorderseite der 75 M anschl und zunächst für die Griffblende 6 cm (= 20 R) glatt rechts str. Weiter in folgender Einteilung weiterstr: Rdm, 73 M im Webmuster, Rdm. Nach 30 cm (= 120 R) im Webmuster alle M abk.

Rückseite

Die Rückseite der Tasche genauso str.

Fertigstellen

Die Teile r-a-r übereinanderlegen und von links entlang der Seitennähte und des Taschenbodens mit Steppstich zusammennähen, dabei an den Seitennähten die oberen 11 cm offenlassen. Die Tasche wieder auf rechts drehen. Die Griffblenden über die Bambusgriffe zur Hälfte nach innen schlagen und mit einigen Saumstichen an den Innenseiten festnähen. Alle Fäden vernähen.

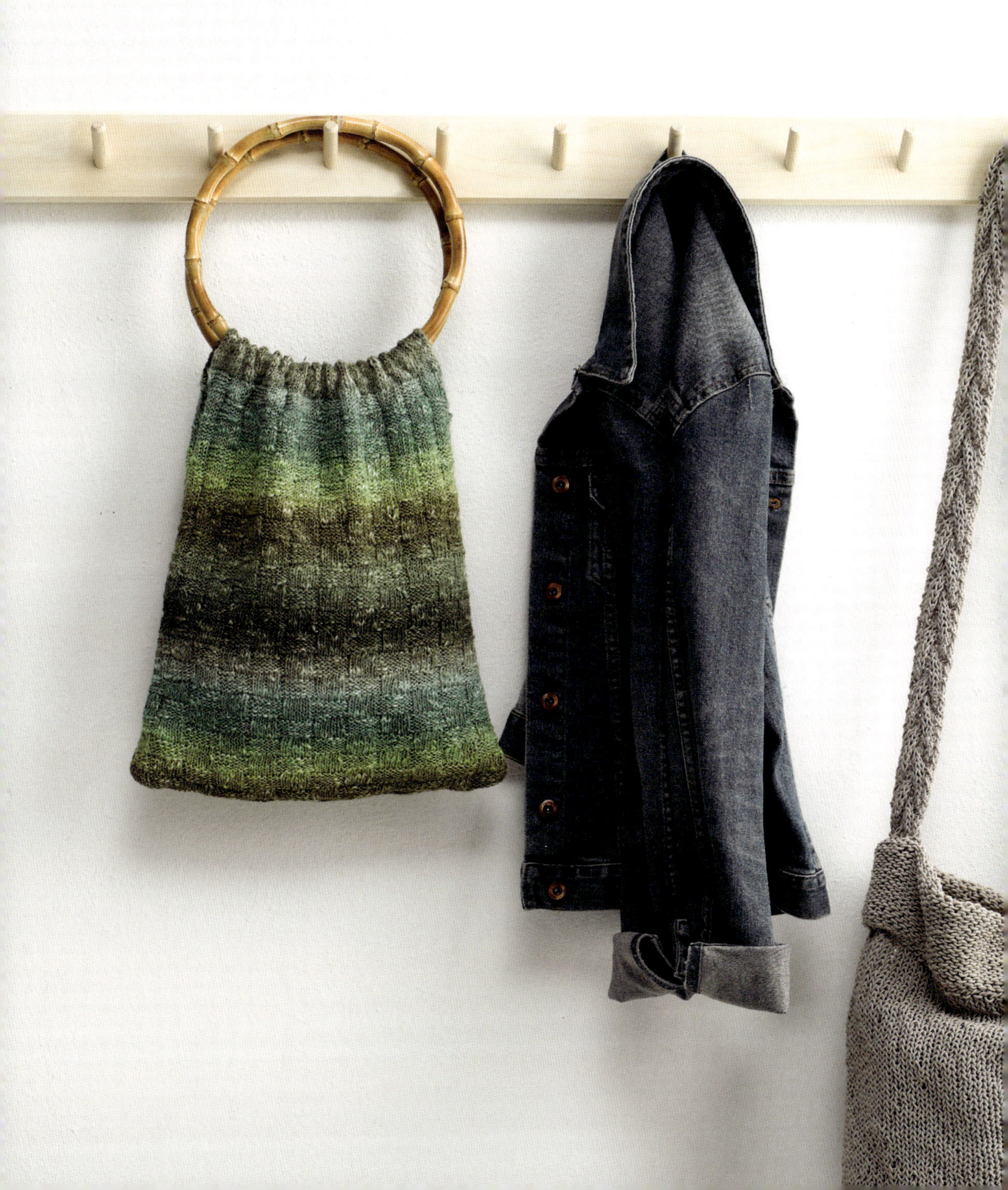

Tórshavn

große Schultertasche

GRÖSSE
43 cm x 41 cm

MATERIAL
- Lana Grossa The Core (LL 85 m/100 g) in Graubeige (Fb 05), 500 g
- Rundstricknadel 6,0 mm, 80 cm lang
- 9 Maschenmarkierer
- Zopfnadel
- Wollnadel
- Knopf, ø 37 mm
- farblich passendes Nähgarn

MASCHENPROBE
Glatt rechts mit Nd 6,0 mm
12 M und 21 R = 10 cm x 10 cm

Glatt rechts

In allen Rd rechte M str.

Zopfmuster

Nach der Strickschrift str. Die Strickschrift zeigt nur die Hinr, in den Rückr alle M str, wie sie erscheinen. Die 1.-13. M der Strickschrift 1x str, die 1.-8. R fortlaufend wdh.

Anleitung

Beutel

64 M anschl, zur Rd schließen und den Rd-Anfang mit einem M-Markierer kennzeichnen. 1 Rd rechte M str, dann in der nächsten Rd 8 M-Markierer setzen wie folgt: 4 M rechts, M-Markierer, 1 M rechts, M-Markierer, 22 M rechts, M-Markierer, 1 M rechts, M-Markierer, 8 M rechts, M-Markierer, 1 M rechts, M-Markierer, 22 M rechts, M-Markierer, 1 M rechts, M-Markierer, 4 M rechts. Die kurzen Seiten mit den jeweils 8 M plus der beiden Einzelmaschen rechts und links davon bilden die Seiten der Tasche, je 22 M bilden Vorder- und Rückseite.

1. Rd: * rechte M str bis zum nächsten M-Markierer, 1 links geneigte Zunahme, M-Markierer abheben, 1 M rechts, M-Markierer abheben, 1 rechts geneigte Zunahme, ab * noch 3x wdh, dann rechte M str bis zum Rd-Ende.

2. Rd: Rechte M str.

Die 1. und 2. Rd noch 4x wdh (= 104 M). Weiter 26 cm (= 56 Rd) glatt rechts ohne Zunahmen str, dabei alle M-Markierer bis auf den Rd-Markierer entfernen. 1 Rd linke M str, dann noch einmal 14 cm (= 30 Rd) glatt rechts str. Alle M abk.

Taschenboden

Mit Blick auf die Vorderseite aus einer der längeren Seiten 22 M auffassen und 6 cm (= 13 R) glatt rechts str. Alle M abk.

Gurt

13 M anschl und 120 cm (= 216 R) im Zopfmuster str, dann alle M abk.

Fertigstellen

Den oberen Rand der Tasche so weit nach außen umschlagen, dass der Abkettrand an die links gestrickte Rd stößt. Den Abkettrand von rechts mit gleichmäßigen Saumstichen an die linken M nähen. Den Gurt in Höhe des Abkettrandes von innen an die Seiten nähen. Den Abkettrand des Taschenbodens mit Maschenstich an die gegenüberliegende Seite nähen. Die Schmalkanten des Bodens mit Matratzenstich von rechts an die Taschenseiten nähen. Den Knopf mittig auf die Blende der Vorderseite nähen. Alle Fäden vernähen.

Zopfmuster

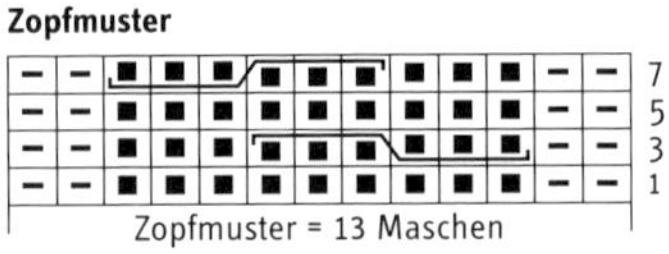

Zopfmuster = 13 Maschen

 = 1 Masche rechts

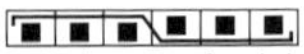 = 3 Maschen auf einer Zopfnadel vor die Arbeit legen, 3 Maschen rechts, dann die 3 Maschen auf der Zopfnadel rechts stricken

 = 1 Masche links

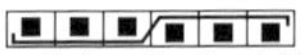 = 3 Maschen auf einer Zopfnadel hinter die Arbeit legen, 3 Maschen rechts, dann die 3 Maschen auf der Zopfnadel rechts stricken

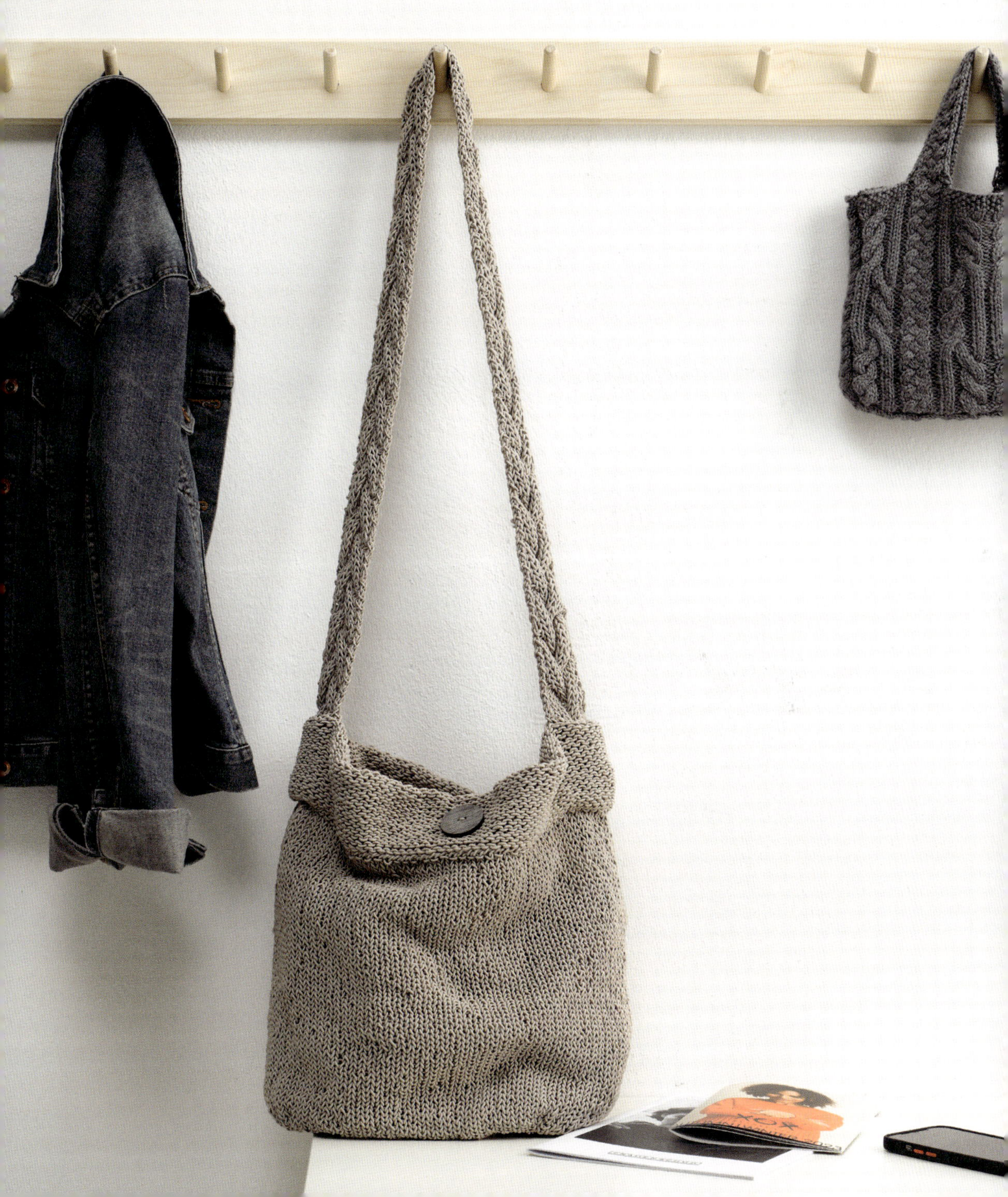

Umeå

kleine Tasche mit Zopfmustern

GRÖSSE
23 cm x 19 cm

MATERIAL
- Kremke Soul Wool In the Mood Solid (LL 125 m/50 g) in Silbergrau (Fb 11), 150 g
- Rundstricknadel 4,0 mm, 60 cm lang
- Zopfnadel oder Hilfsnadel
- Wollnadel

MASCHENPROBE
Im Zopfmuster mit Nd 4,0 mm
1 Mustersatz
34 M und 36 R
= 12 cm x 12 cm

STRICKSCHRIFT
Seite 47

Randmaschen
In den Hinr rechte M, in den Rückr linke M str.

Zopfmuster A
Nach Strickschrift A str. Die Strickschrift zeigt nur die Hinr, in den Rückr alle M str, wie sie erscheinen. Den Rapport von 34 M 2x str, mit den 2 M nach dem Rapport enden. Die 1.-36. R fortlaufend wdh.

Zopfmuster B
Nach Strickschrift B str. Die Strickschrift zeigt nur die Hinr, in den Rückr alle M str, wie sie erscheinen. Die 12 M der Strickschrift 1x str, die 1.-4. R fortlaufend wdh.

Perlmuster
In Hinr bzw. ungeraden Rd 1 M rechts, 1 M links im Wechsel str.
In Rückr bzw. geraden Rd die rechten M links und die linken M rechts str.

Anleitung

Vorderseite
Für die Vorderseite 72 M anschl und eine Rückr linke M str. Weiter in folgender Einteilung str: Rdm, im Zopfmuster A bis 1 M vor R-Ende, Rdm.
Nach 19 cm (= 54 R) Gesamtlänge für den oberen Rand 4 R in folgender Einteilung str: Rdm, 12 M Perlmuster, 12 M Zopfmuster B, 22 M Perlmuster, 12 M Zopfmuster B, 12 M Perlmuster, Rdm.
Dann in der nächsten Hinr die ersten 13 M abk, den Faden abschneiden, die nächsten 12 M für den Griff auf der 1. Hilfsnd stilllegen, die nächsten 22 M abk, den Faden abschneiden, die nächsten 12 M für den Griff auf einer 2. Hilfsnd stilllegen, den Faden abschneiden und die restlichen M abk.
Für den Griff die stillgelegten M auf der rechten Seite (mit Blick auf die Vorderseite der Arbeit) auf die Stricknd nehmen und beginnend mit einer Rückr noch 62 R im Zopfmuster B str. Alle M auf der Nd lassen und mit den stillgelegten M der 2. Hilfsnd im Maschenstich zusammennähen.

Rückseite
Die Rückseite genauso str.

Seitenteile und Boden
12 M anschl und eine Rückr linke M str. Weiter 204 R im Zopfmuster B str, dann alle M abk.

Fertigstellen
Vorder- und Rückseite der Tasche auf die Maße spannen. Das Zopfmusterband für die Seitenteile und den Boden auf ein Maß von 3 cm x 67 cm spannen. Alle Teile anfeuchten und trocknen lassen. Das Zopfmusterband von links mit Steppstich zunächst an die Seitenteile und den Boden des Vorderteils nähen, dann die gegenüberliegende Seite genauso an das Rückenteil nähen. Alle Fäden vernähen.

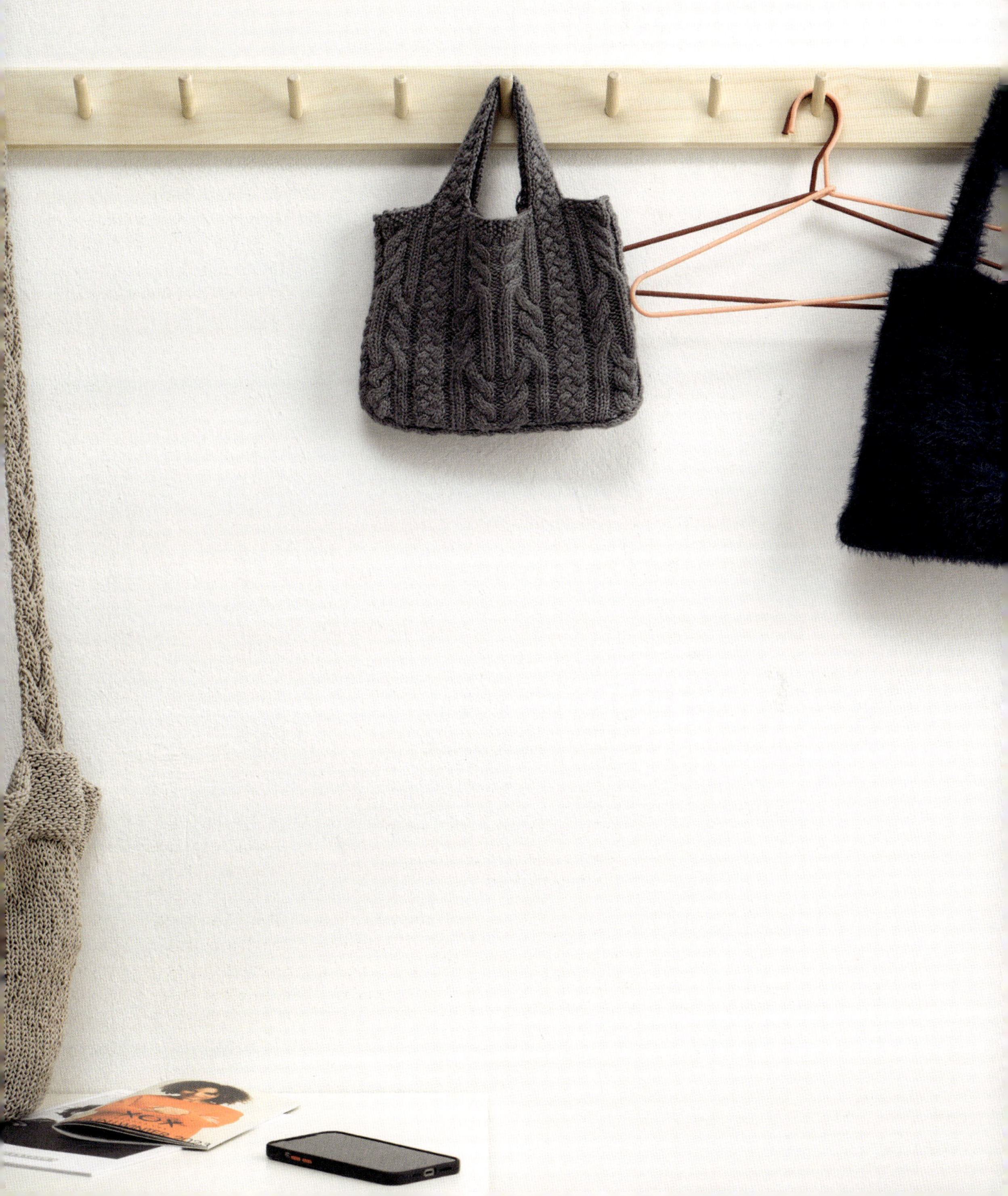

Rovaniemi

Handtasche mit Herzmuster

GRÖSSE
36 cm x 25 cm

MATERIAL
- Lana Grossa Per Fortuna (LL 190 m/50 g) in Nachtblau (Fb 17), 150 g
- Rundstricknadel 4,0 mm, 60 cm lang
- Wollnadel

MASCHENPROBE
Glatt rechts mit Nd 4,0 mm 25 M und 36 R = 10 cm x 10 cm

Rippenmuster
In den Hinr 1 M rechts, 1 M links im Wechsel str, in den Rückr alle M str, wie sie erscheinen.

Glatt rechts
In den Hinr rechte M, in den Rückr linke M str.

Herzmuster
Nach der Strickschrift str. Die Strickschrift zeigt nur die Hinr, in den Rückr alle M str, wie sie erscheinen und die in der Vor-R zugenommenen M links str. Die 1.-25. M und die 1.-34. R der Strickschrift 1x str.

Anleitung

Vorderseite
Für die Vorderseite der Tasche 91 M anschl und 9 cm (= 34 R) glatt rechts str. In der nächsten Hinr in folgender Mustereinteilung das Herzmuster einfügen: 33 M glatt rechts, 25 M Herzmuster, 33 M glatt rechts. Nachdem die 34 R des Herzmusters 1x gestrickt wurden, über alle M noch 3 cm (= 12 R) glatt rechts str, dabei in der letzten R 1 M abnehmen (= 90 M). Für den oberen Rand noch 8 R im Rippenmuster str, dann alle M abk.

■ = 1 Masche rechts

◇ = 1 Masche rechts verschränkt

○ = 1 Umschlag

◣ = 2 Maschen rechts überzogen zusammenstricken (= 1 Masche abheben, 1 Masche rechts stricken, dann die abgehobene Masche darüberziehen)

◢ = 2 Maschen rechts zusammenstricken

△ = 3 Maschen rechts überzogen zusammenstricken (= 1 Masche abheben, 2 Maschen rechts zusammenstricken, dann die abgehobene Masche darüberziehen)

□ = keine Masche, dient nur der besseren Übersicht

⩓ = aus 1 Masche 1 Masche rechts und 1 Masche rechts verschränkt heraussstricken

Herzmuster

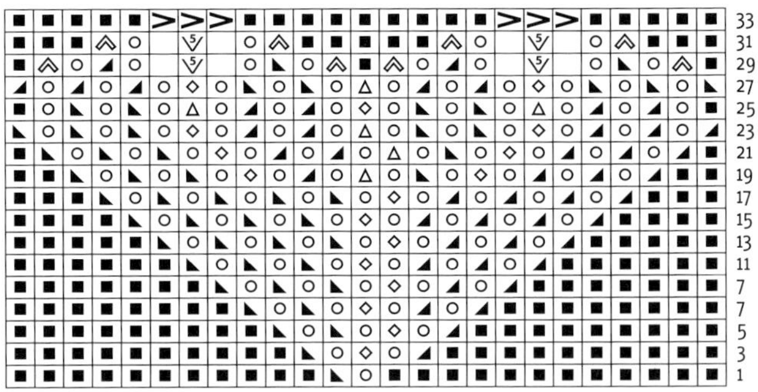

>>> = 3 Maschen wie zum Linksstricken abheben (der Faden liegt hinter der Arbeit), den Faden nach vorn holen, dieselben 3 Maschen wieder zurück auf die linke Nadel schieben, den Faden wieder hinter die Arbeit legen und die 3 Maschen rechts stricken.

V5 = 3 Maschen wie zum Linksstricken abheben (der Faden liegt hinter der Arbeit), * die 2. Masche auf der rechten Nadel über die 1. Masche (= Mittel-Masche) ziehen, die Mittel-Masche auf die linke Nadel schieben und die 2. Masche auf der linken Nadel über die Mittel-Masche ziehen *, die Mittel-Masche wieder zurück auf die rechte Nadel schieben und von * bis * noch 1x wdh, dann die Mittel-Masche rechts stricken.

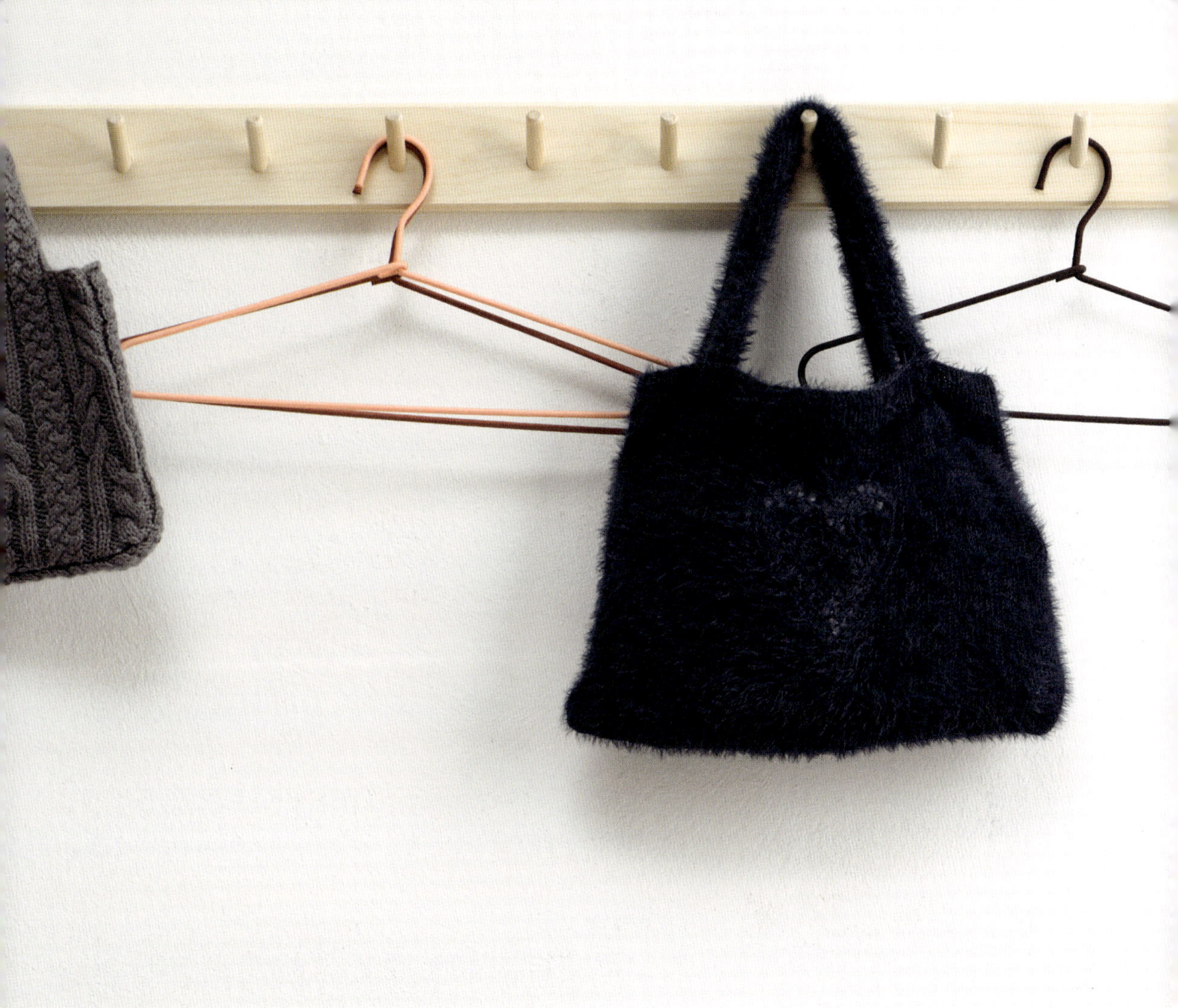

Rückseite
Die Rückseite genauso str.

Griff (2x)
Mit doppeltem Faden 12 M anschl und 45 cm (= 162 R) glatt rechts str. Alle M abk.
Den 2. Griff genauso str.

Fertigstellen
Die Griffe entlang der Längskante zur Hälfte falten und die Kanten von rechts mit Matratzenstich zusammennähen. Vorder- und Rückseite der Tasche r-a-r übereinanderlegen. Die Seitennähte und die Bodennaht von links mit Steppstich zusammennähen. Die beiden Enden der Taschengriffe jeweils ca. 7 cm entfernt von den Seitenrändern unterhalb des oberen Taschenrands von innen annähen. Alle Fäden vernähen.

Kristiansand

Rucksack mit Hebemaschenmuster

GRÖSSE
31 cm x 36 cm

MATERIAL

- Kremke Soul Wool Morning Salutation (LL 110 m/50 g) in Schwarz (Fb 20), 100 g, in Messing (Fb 12) und Rostrot (Fb 24), je 50 g
- Rundstricknadeln 3,5 mm und 4,0 mm, 60 cm lang
- Nähnadel
- Druckknopf, ø 20 mm
- Nähgarn in Schwarz

MASCHENPROBE
Im Hebemaschenmuster mit Nd 3,5 mm 24 M und 40 R = 10 cm x 10 cm

Perlmuster

In Hinr 1 M rechts, 1 M links im Wechsel str. In Rückr die rechten M links und die linken M rechts str.

Glatt rechts

In Hinr rechte M, in Rückr linke M str.

Farbfolge

2 R in Messing, 2 R in Rostrot, 2 R in Schwarz

Hebemaschenmuster

Die Hebemaschen wie zum Linksstr abheben, der Faden liegt in den Hinr hinten, in den Rückr vorne.
M-Zahl teilbar durch 3 + 1.
1. R: * 2 M rechts, 1 M abheben, ab * fortlaufend wdh bis 1 M vor R-Ende, 1 M rechts.
2. R: 1 M rechts, * 1 M abheben, 2 M rechts, ab * fortlaufend wdh bis R-Ende.
3. R: 1 M rechts, * 1 M abheben, 2 M rechts, ab * fortlaufend wdh bis R-Ende.
4. R: * 2 M rechts, 1 M abheben, ab * fortlaufend wdh bis 1 M vor R-Ende, 1 M rechts.
5.+6. R: 3 M rechts, * 1 M abheben, 2 M rechts, ab * fortlaufend wdh bis 1 M vor R-Ende, 1 M rechts.
Die 1.-6. R fortlaufend wdh.

Jacquardmuster

Glatt rechts nach dem Zählmuster str. Das Zählmuster zeigt alle R. Die 1.-17. M und die 1.-17. R 1x str.

Jacquardmuster

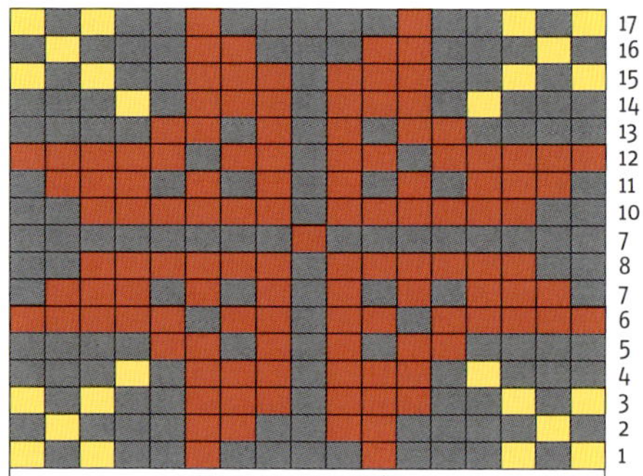

Muster = 17 Maschen

- = 1 Masche in Schwarz
- = 1 Masche in Messing
- = 1 Masche in Rostrot

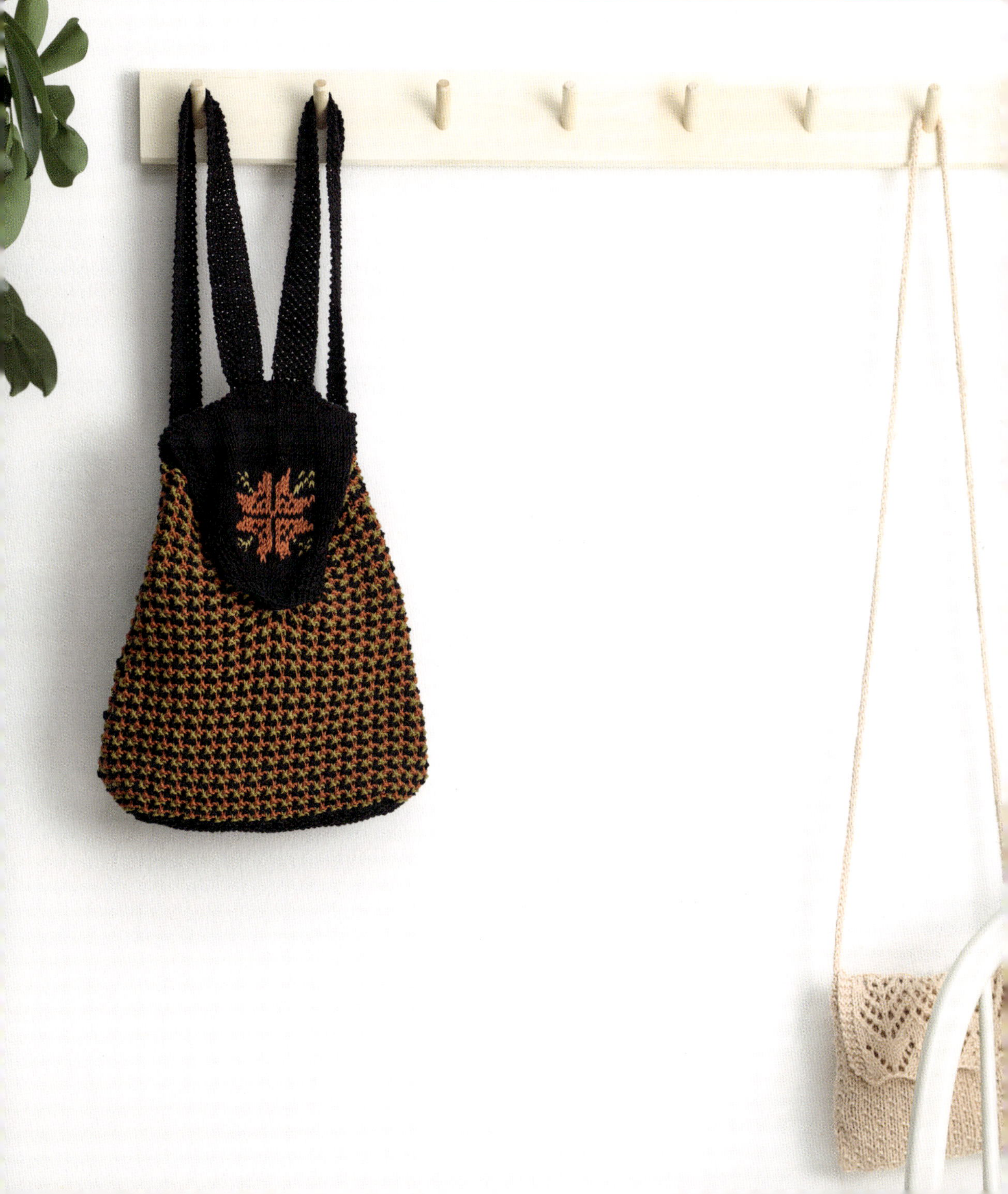

Anleitung

Vorderseite

Für den vorderen Taschenboden mit Nd 3,5 mm 46 M in Schwarz anschl und 18 R im Perlmuster str.

Nächste R (Hinr): 15 M neu anschl, rechte M str bis R-Ende.

Nächste R: 15 M neu anschl, rechte M str bis R-Ende (= 76 M).

Zu den Nd 4,0 mm wechseln und 8 R im Hebemaschenmuster weiterstr. Dann eine Abnahme-R str, wie folgt: 1 M rechts, 2 M rechts zusammenstr, mustergemäß str bis 3 M vor R-Ende, 2 M rechts überzogen zusammenstr, 1 M rechts. Diese Abnahme-R noch 14x in jeder 8. R wdh (= 46 M). Die 1. und die letzte M der R ab hier immer glatt rechts str.

Nach 35 cm (= 142 R) im Hebemaschenmuster in Schwarz noch 4 R im Perlmuster str, dann alle M abk.

Rückseite

Die Rückseite wie die Vorderseite str, die M jedoch nicht abk, sondern die Klappe in Schwarz weiterstr.

1.-4. R: Im Perlmuster str.

5. R (Hinr): 4 M im Perlmuster, 2 M rechts zusammenstr, glatt rechts bis 4 M vor R-Ende, 4 M im Perlmuster (= 45 M).

6.-8. R: 4 M Perlmuster, glatt rechts str bis 4 M vor R-Ende, 4 M Perlmuster.

9. R (Abnahme-R): 4 M Perlmuster, 2 M rechts zusammenstr, rechte M str bis 6 M vor R-Ende, 2 M rechts überzogen zusammenstr, 4 M Perlmuster (= 43 M).

10.-33. R: Die 6.-9. R noch 6x wdh (= 31 M).

Achtung: Die Abnahmen für die Klappe und das Einstricken des Jacquardmusters erfolgen gleichzeitig.

Gleichzeitig nach der 14. R der Taschenklappe (= 39 M) das Jacquardmuster einstr wie folgt: 4 M Perlmuster, 7 M glatt rechts, 17 M Jacquardmuster, 7 M glatt rechts, 4 M Perlmuster.

34.-36. R: Mustergemäß str.

37. R: 4 M Perlmuster, * 2 M rechts zusammenstr, ab * noch 1x wdh, rechte M str bis 8 M vor R-Ende, ** 2 M rechts überzogen zusammenstr, ab ** noch 1x wdh, 4 M Perlmuster.

38. R: Mustergemäß str.

39.+40. R: Wie die 37. und 38. R str.

41. R: 4 M Perlmuster, * 2 M rechts zusammenstr, ab * noch 2x wdh, rechte M str bis 10 M vor R-Ende, ** 2 M rechts zusammenstr, ab ** noch 2x wdh, 4 M Perlmuster.

42.-44. R: Alle M mustergemäß str.

45. R: Im Perlmuster str, dabei die 12. und 13. M mustergemäß zusammenstr.

46.-48. R: Im Perlmuster str.

Alle M abk.

Riemen (2x)

Für den 1. Riemen mit Nd 3,5 mm 9 M in Schwarz anschl und 65 cm im Perlmuster str. Alle M abk. Den 2. Riemen genauso str.

Fertigstellen

Die unteren je 15 zusätzlich angeschlagenen M an Vorder- und Rückseite mit dem Maschenstich an die äußeren Kanten der Taschenboden-Hälften nähen. Vorder- und Rückenteil r-a-r übereinanderlegen und die Seiten- und Bodennaht von links schließen. Die obere Hälfte des Druckknopfs mit dem Nähgarn von links mittig über dem unteren Perlmusterrand auf die Taschenklappe nähen. Die obere Hälfte in entsprechender Höhe auf die Vorderseite der Tasche nähen. Die Riemen parallel nebeneinanderlegen und die oberen Enden unterhalb des Perlmusters von rechts mittig auf die Rückseite nähen. Die unteren Enden jeweils 3 cm vom äußeren Rand direkt oberhalb des Taschenbodens von rechts auf die Rückseite nähen. Alle Fäden vernähen.

Kiruna

SEITE 4

Zopfmuster

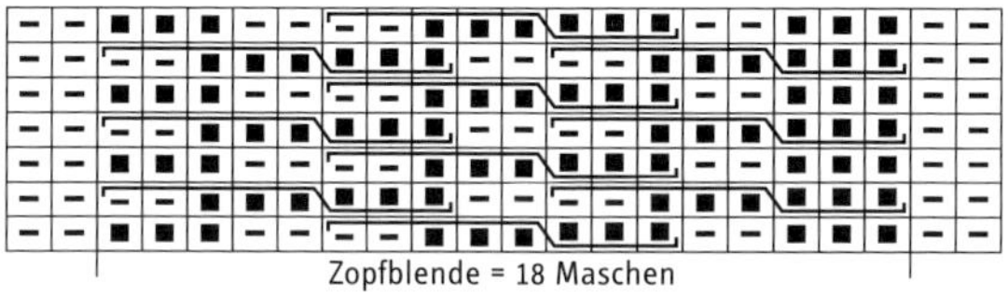

 = 1 Masche rechts

 = 1 Masche links

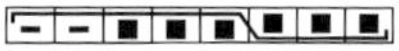 = 3 Maschen auf einer Hilfsnadel vor die Arbeit legen, 3 Maschen rechts, 2 Maschen links stricken, dann die Maschen auf der Hilfsnadel rechts stricken

Göteborg

SEITE 28

Flechtmuster

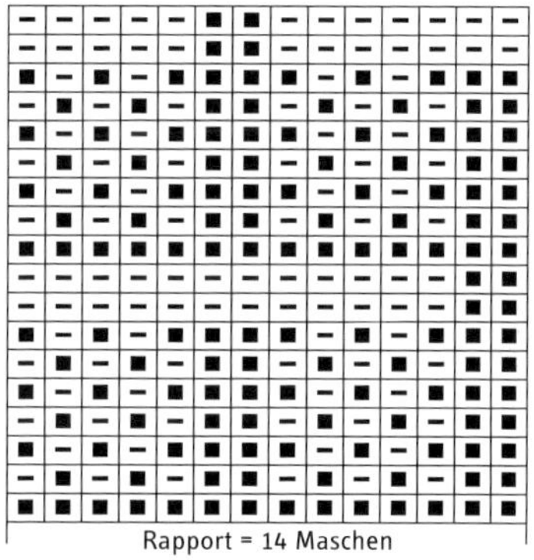

 = 1 Masche rechts

 = 1 Masche links

Umeå

SEITE 40

Zopfmuster A

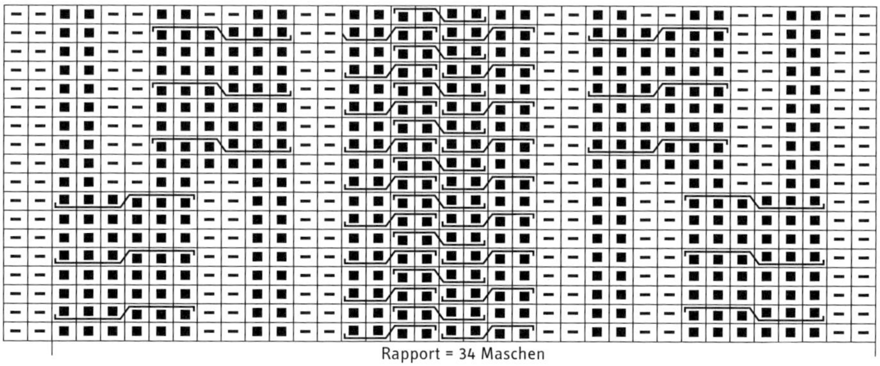

Zopfmuster B

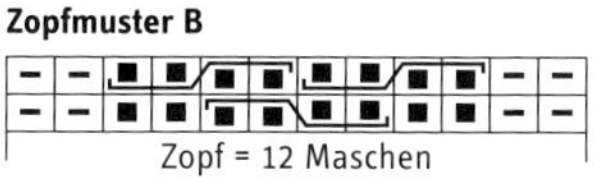

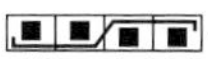 = 2 Maschen auf einer Hilfsnadel hinter die Arbeit legen, 2 Maschen rechts str, dann die beiden Maschen auf der Hilfsnadel rechts stricken

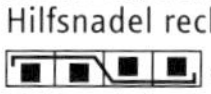 = 2 Maschen auf einer Hilfsnadel vor die Arbeit legen, 2 Maschen rechts stricken, dann die Maschen auf der Hilfsnadel rechts stricken

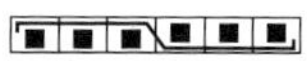 = 3 Maschen auf einer Zopfnadel vor die Arbeit legen, 3 Maschen rechts, dann die 3 Maschen auf der Zopfnadel rechts stricken

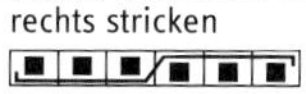 = 3 Maschen auf einer Zopfnadel hinter die Arbeit legen, 3 Maschen rechts, dann die 3 Maschen der Zopfnadel rechts stricken

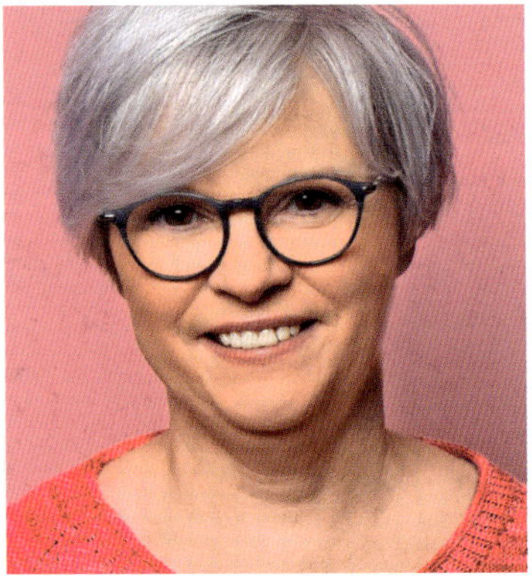

Rita Maaßen ist Strickdesignerin aus Leidenschaft: Schon seit 2010 entwirft sie in ihrem kleinen Atelier am Niederrhein Strickanleitungen für Verlage, Garnhersteller und Privatpersonen. Unter dem Label „fashionworks“ bietet sie ihre Anleitungen unter anderem in ihrem Online-Shop (www.fashionworks.de) an.

DANKE!

Wir danken den folgenden Firmen für die Unterstützung bei diesem Buch:
Kremke Soul Wool (www.soul-wool.com)
Lana Grossa (www.lana-grossa.de)
Lang Yarns (www.langyarns.com)

MIX
Papier | Fördert gute Waldnutzung
FSC® C106600
www.fsc.org

Penguin Random House Verlagsgruppe
FSC® N001967

TOPP – Unsere Servicegarantie

WIR SIND FÜR SIE DA! Bei Fragen zu unserem umfangreichen Programm oder Anregungen freuen wir uns über Ihren Anruf oder Ihre Post. Loben Sie uns, aber scheuen Sie sich auch nicht, Ihre Kritik mitzuteilen – sie hilft uns, ständig besser zu werden.

Bei Fragen zu einzelnen Materialien oder Techniken wenden Sie sich bitte an unseren Kreativservice, Frau Erika Noll.
mail@kreativ-service.info
Telefon 07 11/12 37 57 20

Das Produktmanagement erreichen Sie unter:
pm@frechverlag.de
oder:
frechverlag
Produktmanagement
Dieselstraße 5
70839 Gerlingen
Telefon 07 11/8 30 86 68

LERNEN SIE UNS BESSER KENNEN! Fragen Sie Ihren Hobbyfach- oder Buchhändler nach unserem kostenlosen Magazin **Meine kreative Welt**. Darin entdecken Sie dreimal im Jahr die neuesten Kreativtrends und interessantesten Buchneuheiten.

Oder besuchen Sie uns im Internet! Unter **www.topp-kreativ.de** können Sie sich über unser umfangreiches Buchprogramm informieren, unsere Autor:innen kennenlernen sowie aktuelle Highlights und neue Kreativtechniken entdecken, kurz – die ganze Welt der Kreativität.

Kreativ immer up to date sind Sie mit unserem monatlichen **Newsletter**. Für aktuelle Infos, Gratis-Anleitungen und Gewinnspiele gleich anmelden unter **www.TOPP-kreativ.de/Newsletter**

IMPRESSUM

FOTOS: frechverlag GmbH, 70839 Gerlingen; lichtpunkt, Michael Ruder, Stuttgart
PRODUKTMANAGEMENT: Katrin Akyol
LEKTORAT: Petra Puster, Niederpöcking
GESTALTUNG: Petra Theilfarth
DRUCK: DZS Grafik, Slowenien

1. Auflage 2024

ISBN 978-3-7358-7095-7 • Best.-Nr. 27095